Sagen, was ist?

Versuch eines Laien zum gegenwärtigen Journalismus

Dieter Elendt

DER SCHATTEN

Postulieren, was ist.

Es ist nur die Frage, wer hier das Sagen hat.

Sagen, was ist?

Versuch eines Laien zum gegenwärtigen Journalismus

---

von Dieter Elendt

FSC
www.fsc.org
MIX
Papier aus verantwortungsvollen Quellen
Paper from responsible sources
FSC® C105338

Bibliografische Informationen der Deutschen Nationalbibliothek:
Die Deutsche Nationalbibliothek verzeichnet diese Publikation in der deutschen Nationalbibliografie; detaillierte Informationen sind im Internet über <http://dnb.dbb.de> abrufbar.

Herstellung und Verlag: BoD- Boks on Demand Norderstedt,
ISBN: 978-3-7494-3481-7

Inhalt:

"Wenn ich ein Wort verwende", sagte Humpty Dumpty [...], "dann bedeutet es genau das, was ich will – nicht mehr und nicht weniger."

"Es ist nur die Frage", sagte Alice, "ob Sie Wörter einfach so sehr Unterschiedliches bedeuten lassen können."

"Es ist nur die Frage", sagte Humpty Dumpty, "wer hier das Sagen hat – so sieht's aus."

Lewis Carroll
("Alice hinter den Spiegeln")

Sagen, was ist

DER SPIEGEL

–

Als Humpty-Dumpty-Argumente werden Behauptungen bezeichnet, (1.) die in einer Diskussion als gültig angeführt werden, ohne dass eine andere Begründung für sie angegeben wird als die Berufung auf faktische Macht, die es erlaubt, auf wirkliche Argumente zu verzichten, oder (2.) in denen Worte mit einer Bedeutung gebraucht werden, die von der allgemein akzeptierten Bedeutung in krasser Weise abweicht.

Wikipedia

A) Journalismus als solcher

When the legend becomes fact, print the legend.[1]

Hinter dem Spiegel (oder: im Schatten)

2017 veröffentlichte ich ein Büchlein, in dem ich meine Korrespondenz mit verschiedenen führenden und als seriös geltenden Medien bzw. deren Vertretern zum Thema "Homöopathie" darlegte[2]. Nein, das stimmt nicht ganz. Ich veröffentlichte nur einen Teil dieser Korrespondenz, da mir nur eine einzige beteiligte Person die Genehmigung zum Abdruck ihres Teils der Korrespondenz erteilte. So musste ich die anderen Antworten, die ich erhielt, schwärzen.
Alle jene Medien, um die es ging, haben von mir ein Exemplar jenes Büchleins erhalten. Ich habe keine einzige Antwort bekommen.

Korrespondenz mit Journalisten zum Thema Homöopathie habe ich weiter geführt, aber ich möchte davon absehen, sie abermals zu veröffentlichen, obwohl es diesmal nicht erforderlich wäre, die Antworten zu schwärzen, denn ich habe in der Zwischenzeit keine einzige inhaltlich relevante Antwort erhalten. Ich hatte eigentlich beschlossen, dass ich keine weitere Veröffentlichung zu diesem Thema herausbringen will.
Warum nun doch? Es hat zwei Gründe: Ich denke, dass die Betrugsgeschichte um den Reporter Relotius, die den SPIEGEL getroffen hat, weitergehendes Nachdenken erfordert als nur die Frage zu beantworten, wie man solchen Betrug künftig vermeiden kann. Ich halte klare Fälle von Betrug nur für die Spitze des Eisberges. Was da sonst noch unter Wasser

---

[1] Dieser Ratschlag an Journalisten stammt aus dem (großartigen) Film "The man who shot Liberty Valance", Regie: John Ford, USA 1962

[2] Dieter ELENDT: "Alternative Fakten. Fünfte Ausgabe von "Homöopathie und... - Eine Schriftenreihe, ein Glasperlenspiel", Norderstedt 2017

schwimmt, hinter dem Spiegel verborgen ist oder sich im Schatten befindet, kann kaum abgeschätzt werden.

Der zweite Grund hat mit der Weihnachtsansprache des deutschen Bundespräsidenten 2018 zu tun, in der er anmahnte, dass wir auch mit Menschen reden sollten, die nicht mit uns einer Meinung sind.

Das möchte ich sehr gern, habe es versucht (leider mit wenig Erfolg) und werde es weiter versuchen.

Es gibt aber Leute, die das nicht wollen, auch wenn sie es immer wieder behaupten. Sagen wir besser, dass sie es nicht tun, denn über das Wollen kann man nur urteilen, wenn es zu Taten führt. "Ich hätte ja eigentlich gewollt..." ist eine Formulierung, deren Relevanz man anzweifeln kann.

Damit wird die Auseinandersetzung, die ich ursprünglich über die Homöopathie führen wollte, allgemeiner. Es geht letztendlich um die Frage, wie jeder einzelne Mensch damit umgeht, dass es andere Menschen gibt, die eine andere Meinung vertreten.

Von meinen speziellen Erfahrungen mit der Homöopathie werde ich also diesmal zunächst mehr ins Allgemeine gehen, was heißt, dass ich unter anderem die Frage stellen werde, wie die großen Medien ihre Meinung (und damit unsere) bilden. Danach werde ich drei Themen-Beispiele nennen. Von dem ersten verstehe ich durchschnittlich viel, vom zweiten etwas mehr und beim dritten – der Homöopathie – bin ich Experte.

Wieder werde ich dieses Büchlein an alle großen Redaktionen schicken und ich hoffe, dass ich diesmal von irgendwoher eine Antwort bekomme.

Zwei Sachen müssen im Voraus noch erwähnt werden: Auch wenn das Frontispiz und auch manche andere Bemerkungen deutlich auf den "SPIEGEL" weisen, betone ich doch ausdrücklich, dass es sich um ein grundlegendes Problem der Medien handelt, das nicht nur den SPIEGEL betrifft. Im Besonderen (Homöopathie) glaube ich, das zeigen zu können. Im Allgemeinen ist es zumindest wahrscheinlich.

Und zweitens erfüllt dieses Büchlein keinen wissenschaftlichen Anspruch. Es ist vielmehr – wie sein Gegenstand – als ein "journalistischer" oder essayistischer Beitrag zu verstehen. Dementsprechend wird auch das Literaturverzeichnis wissenschaftlichen Kriterien nicht gerecht, sondern orientiert sich vor allem an den journalistischen Quellen, denn darum geht es ja auch.

Die zitierten Internet-Adressen entsprechen dem Stand vom 9.3.2019.

Dieter Albin Elendt, Icod de los vinos, April 2019

crotaluscascavella@icloud.com

Die Gedanken sind frei,
Wer kann sie erraten,
Sie ziehen vorbei,
Wie nächtliche Schatten.
Kein Mensch kann sie wissen,
Kein Jäger erschießen,
Es bleibet dabei:
Die Gedanken sind frei!

Ich denke was ich will,
Und was mich beglücket,
Doch alles in der Still',
Und wie es sich schicket.
Mein Wunsch und Begehren
Kann niemand verwehren,
Es bleibet dabei:
Die Gedanken sind frei!

Über Gedanken- und Meinungsfreiheit.

Die Gedanken sind frei.

Dieses alte Lied (es ist in seinen Grundzügen sehr alt[3]) sangen wir am Gründungsfeiertag der sogenannten DDR über Jahre hinweg im kleinen Kreis (und nicht nur die hier wiedergegebenen ersten zwei Sprophen), wohl wissend, dass das Regime über unsere Gedanken keine Macht hatte, da sie eben kein anderer Mensch wissen kann.

SCHILLERS Wort *Geben Sie Gedankenfreiheit, Sire*[4] habe ich daher nie verstanden. *Kein Mensch kann sie wissen, kein*

---

[3] Es geht zurück bis ins 13. Jahrhundert, die heute gebräuchliche Fassung stammt aus dem 19. Jahrhundert.
[4] Don Carlos, 1787

Jäger erschießen. Das stimmt zweifellos. Niemand kann meine Gedanken kennen, obwohl es reichlich Anstrengungen gegeben hat – praktisch und fiktiv –, solches zu versuchen. Eher kann man schon Gefühle sich erschließen, denn sie werden unbewusst nach außen getragen. Aber Gedanken sind nicht einsehbar.

Aber sind es meine Gedanken? Nietzsche stellte sich die Frage, ob ich es bin, der denkt oder ob nicht etwa ein "Es" in mir denkt und ich mir diese Gedanken nur aneigne und als Plagiat als meine ausgebe. Eine Frage, die sehr schwer zu beantworten ist.
Und was ist mit der Meinung? Meinung scheint noch privater zu sein als Gedanke. Sie ist ja "mein". Aber eigentlich kommt "Meinung" von "meinen", was ja auch etwas mit mir zu tun hat. Und schon sind wir bei Humpty Dumpty: Es bedeutet ganz genau, was ich will, nicht mehr und nicht weniger. Oder: Es ist genau so, wie ich meine.
Ein Gedanke muss immerhin gewisse Bestimmungsstücke aufweisen, um als solcher gelten zu können. Eine Meinung kann beliebig sein und bedarf keiner Begründung. Wenn jemand der Meinung ist, die Erde sei hohl und wir lebten an der Innenseite, so ist das völlig ok. Ein solcher Gedanke bräuchte irgendeinen Beleg – und sei er noch so weit hergeholt.
Deshalb ist z.B. Hannah ARENDT ganz gewiss für Meinungsfreiheit, sie schätzt aber bloße Meinungen wegen ihrer Beliebigkeit gering und fordert Begründungen, um Meinungen zu qualifizieren.

So privat Meinung auch ist, ist sie doch sehr beeinflussbar. Der ebenso zynische wie geniale Werbespruch der BILD-Zeitung *BILD Dir Deine Meinung* zeugt davon.
Ich halte es auch für richtig, wenn Gedanken und Meinungen nicht ein für allemal feststehen, sondern modifiziert werden können. Leider öffnet das andererseits Tür und Tor für bewusste oder unbewusste Manipulation von außen.

Meine Gedanken und Meinungen sind also nicht unbedingt und gewiss meine Meinungen. Meine Weltsicht geschieht zum Teil auch durch die Augen von Journalisten[5].

Ich denke, was ich will und was mich beglücket.

Nur das zu denken, was mich beglücket, ist eine Einschränkung, die ich überhaupt nicht befürworten kann (gleichwohl das Recht eines jeden Menschen). Schön wäre es ja, wenn wir so verfahren könnten, aber es gibt heute so viele Sachen zu bedenken, die wirklich nicht beglückend sind, und dennoch fordern, dass wir uns (zumindest) in Gedanken mit ihnen befassen – um des Überlebens willen.

Doch alles in der Still' und wie es sich schicket.

Dabei läuft es mir eiskalt der Rücken hinunter. Wirklich eiskalt. *Wie es sich schicket* bedeutet nichts weiter als eine gesellschaftlich definierte Einschränkung des Denkens, die ich als inakzeptabel ansehe. Und *in der Still'* heißt, dass man wohl denken, aber nicht sagen darf.
Diese Zeile führt uns zur zweiten Stufe der Gedanken- und Meinungsfreiheit: dem Recht, jede beliebige Meinung bzw. jeden beliebigen Gedanken auch äußern zu dürfen. Dieses Recht ist mit gewissen Einschränkungen auch im Grundgesetz und in den Gesetzen Deutschlands fixiert.

Bei der ersten Stufe der Meinungsfreiheit gab es noch keine Einschränkungen. Sie wären auch nicht durchsetzbar, weil

---

[5] Ich muss gestehen, dass ich kein Journalist sein möchte - aus eben jenem Grund. Ich habe zwar als Arzt auch keine geringe Verantwortung gehabt, aber sie war anders, direkter, und wenn ich etwas falsch gemacht habe, war das meist sehr direkt zu merken. Als Journalist kann man hingegen das, was man anrichtet, kaum noch überschauen. Vielleicht ist diese Unüberschaubarkeit der Grund für einen gewissen Zynismus, den man in manchen Artikeln spürt.

Verstöße nicht verifiziert werden können – außer vielleicht durch Folter.
Die Einschränkungen der zweiten Stufe sind noch gering. In Deutschland ist es etwa verboten, den Holocaust öffentlich zu leugnen. Ansonsten darf weitgehend jeder sagen, was er will, wenn es sich dabei nicht um den Aufruf zu Straftaten handelt[6].

Man könnte denken oder meinen, dass damit die Meinungsfreiheit schon gewährleistet ist. Theoretisch ist dem auch so.

Man könnte aber als eine dritte Stufe der Meinungsfreiheit annehmen, dass jeder das Recht haben sollte, in der Äußerung seiner Meinung auch öffentlich gehört zu werden.
Das ist natürlich ein zweischneidiges Schwert. Man kann wohl dieses Recht auf Anhörung einfordern, man kann aber nicht die Pflicht der anderen zum Zuhören einfordern. Es gibt Kompromisse, wie etwa speakers corner im Hyde Park. Die Möglichkeit, gehört zu werden, ist aber ein elementares Recht, das sich unmittelbar an das Recht zur freien Meinungsäußerung anschließt.
Leider besteht dieses Recht oftmals nur theoretisch. Und auch – um wieder eine Stufe zurück zu gehen – das Recht zur freien Äußerung ist irgendwie nur theoretisch existent, wenn es niemanden gibt, der zuhört.
Hierzu möchte ich John Stuart MILL zitieren (Über die Freiheit, im englischen Original 1859"):

> *Und da es nur wenige Geisteseigenschaften gibt, die seltener sind als diejenige richterliche Fähigkeit, die ein einsichtsvolles Urteil fällen kann zwischen zwei Seiten einer Frage, wovon nur der Anwalt der einen gegenwärtig ist, so hat die Wahrheit nur dann Aussicht auf Erfolg, wenn jede Seite, jede Meinung, die*

[6] Man hört oder liest aber bereits gelegentlich die Forderung, dass etwa die Leugnung des Klimawandels unter Strafe gestellt werden sollte.

irgendein Bruchteil der Wahrheit verkörpert, nicht nur Anwälte findet, sondern auch solche findet, die angehört werden.

Dem mag ich vom Geiste her nahezu vollständig zustimmen, obwohl es ein paar Probleme gibt:
Zunächst einmal ist zu sagen, dass es John Stuart MILL um Wahrheit geht und dass er meint, dass die Wahrheit nur dann Aussicht auf Erfolg hat, wenn alle Seiten gehört werden, die *ein Bruchteil der Wahrheit* enthalten.
Da beißt sich die Katze natürlich in den Schwanz. Um der Wahrheit eine Aussicht auf Erfolg zu geben, sollen wir alle Seiten zu Wort kommen lassen, die einen Bruchteil der Wahrheit enthalten.
Um zu entscheiden, welche Seiten einen Anteil der Wahrheit haben, müssten wir jedoch bereits wissen, was die Wahrheit ist. Das ist es, was ich mit der Katze und dem Schwanz meine.
Dennoch hat die Vorgehensweise, die Wahrheit zu finden (oder es zu versuchen), indem man alle anhört, eine lange Tradition.
Meines Wissens geht sie auf Sokrates zurück.
Seine Suche nach der Wahrheit fand ja immer im Dialog statt, meistens zu zweit und manchmal zu mehreren. Fast immer stellte er Autoritäten in Frage (außer im "Symposion" bei Diotima) und immer war sein Ziel, sich der Wahrheit anzunähern, auch wenn er dabei manchmal wieder von vorn beginnen musste.
Ich will jetzt nicht darüber mutmaßen, was die Suche nach der Wahrheit mit dem Schierlingsbecher zu tun gehabt haben könnte.

Von Sokrates ausgehend fällt mir Hannah ARENDTS großartiger Essay über den griechischen Denker ein[7], der letztendlich in der Aussage gipfelt: "Wahrheit entsteht zu zweit".

---

[7] Hannah ARENDT: "Sokrates. Apologie der Pluralität", Berlin 2016

Das mag ich als groß bezeichnen. Nicht mehr ist die Rede von der Wahrheit, die wir finden könnten oder auch nicht. Vielmehr ist die Rede von Wahrheit als etwas Entstehendem und als Entstehendem auch Veränderlichem.

Und natürlich fällt mir Karl POPPER ein mit seinem Plädoyer für die offene Gesellschaft, die in eben jenem Dialog besteht[8]. Und es fällt mir die Weihnachtsansprache des Bundespräsidenten von 2018 ein.

> *Liebe Mitbürgerinnen und Mitbürger, wir haben es, Sie haben es in der Hand: Sprechen Sie mit Menschen, die nicht Ihrer Meinung sind! Sprechen Sie ganz bewusst mal mit jemandem, über den Sie vielleicht schon eine Meinung haben, mit dem Sie aber sonst kein Wort gewechselt hätten. Ein Versuch ist das wert. Das ist mein Weihnachtswunsch an Sie. Und das ist auch mein eigener Vorsatz für das nächste Jahr. Lassen Sie uns dafür sorgen, dass unsere Gesellschaft mit sich im Gespräch bleibt!*

Wunderbar! Dem mag ich vollkommen zustimmen. Der Bundespräsident spricht mir wirklich aus dem Herzen (und er hat mit seinen Worten dazu beigetragen, dass ich dieses Büchlein geschrieben habe).

ABER:

Es bleibt ein kleiner schwarzer Punkt inmitten der heilen Welt des Dialogs.

---

[8] Karl POPPER: "Die offene Gesellschaft und ihre Feinde", Tübingen 1992
Seiner Wissenschaftstheorie, die auf der Möglichkeit der Falsifikation beruht, kann ich hingegen nicht unbedingt zustimmen. Zumindest im medizinischen Bereich ist es nicht so, dass ein nicht passender Fall die ganze Hypothese umstößt. Thomas KUHN ist hier eine gute Ergänzung, kein Gegner.

> *Im Erbgut der Stadt der Gerechten verbirgt sich eine Saat des Bösen; Gewißheit und Stolz, im Recht zu sein – und dies mehr als so viele andere, die sich gerechter denn gerecht nennen – gären zu Ärgernissen, Rivalitäten, Racheakten, und der natürliche Wunsch, sich an den Ungerechten schadlos zu halten, färbt sich mit dem leidenschaftlichen Verlangen, ihre Stelle einzunehmen und desgleichen zu tun.*[9]

Dieser kleine schwarze Punkt beginnt schon bei Sokrates, denn auch Sokrates wusste irgendwann, dass er Recht hat. Seine berühmte Aussage, dass er wisse, dass er nichts weiß, aber gerade deswegen der Klügste sei, kann man auch als eine ungeheure Selbstüberschätzung ansehen. Ich muss sagen, dass ich mich ein wenig vor Sokrates fürchte, obwohl er mein Freund ist. Ich fürchte mich ein wenig vor ihm, weil er immer Recht hat. Und weil er das weiß[10].

Aber wer möchte nicht in einer Diskussion über den Gegner obsiegen? Derjenige, der an einer Annäherung an die Wahrheit interessiert ist, sollte an dem Sieg nicht interessiert sein, weil er weiß, dass Wahrheit zu zweit entsteht. Aber wenn es schon bei Sokrates möglicherweise jenen schwarzen Punkt gab, wie sollen dann wir auf seine geistige und moralische Höhe kommen?

Erst einmal müssten wir zum Dialog bereit sein, denn wenn es so ist, dass wir uns der Wahrheit nur annähern, sie aber nicht besitzen können, dann kann es so sein, dass der andere auch *ein Bruchteil der Wahrheit* kennt. Wenn es weiter so ist, dass

---

[9] Italo CALVINO: "Die unsichtbaren Städte", München 1994

[10] Und ich frage mich schon lange, warum er nicht vor der Todesstrafe geflohen ist (was, wie man liest, kein Problem gewesen wäre). Eine Möglichkeit der Erklärung ist, dass er wusste, wie gefährlich das Rechthaben ist. Für einen selbst und für die anderen. PLATON ist dieser Gefahr erlegen.

wirklich Wahrheit zu zweit (mindestens zu zweit) entsteht, dann gibt es nur eine Schlussfolgerung:

Wer den Dialog vermeidet, ist an der Wahrheit nicht interessiert.

Der Narzissmus, dass ich der Wahrheit am nächsten gekommen bin (wenn ich sie nicht schon besitze) ist schuld daran, dass es keinen Dialog gibt.
Aber es gibt ihn natürlich. Im privaten Bereich, in kleinen Gruppen, wo der narzisstische Gewinn oder andersherum die narzisstische Kränkung nicht so enorm sind.
In der Öffentlichkeit sind die Kränkung wie der Gewinn ungleich größer. Deshalb wird dort weitgehend auf Dialog verzichtet und der Dialog ersetzt durch Talkshows, in denen jeder Recht behalten will. Und wir Zuschauer stehen am Rand und benoten die Kontrahenten. Es ist gruselig[11].

---

[11] Ich war einmal vor langer Zeit in einer Rundfunkdiskussion, in der es um die Behandlungen von Allergien ging. Ich war da mit dem Etikett "Alternativmediziner" eingeladen. Nachdem die anderen Teilnehmer der Diskussionsrunde ihre Meinung kundgetan hatten, wurde auch ich gefragt. Ich sagte zunächst, dass meine Vorredner völlig richtige Auskünfte gegeben hätten (Entsetzen auf dem Gesicht des Moderators, Verwunderung auf den Gesichtern der anderen Teilnehmer), dass es aber vielleicht noch gewisse andere Ansätze gebe. Hätte ich meine Vorredner als Vollidioten bezeichnet (was sie gewiss nicht waren), so wäre wahrscheinlich der Moderator befriedigt gewesen, denn es wäre dann darauf hinausgelaufen, festzustellen, wer denn nun der Vollidiot ist. Das wäre in etwa: "Liebe Hörer, Sie haben nun die Argumente und Gegenargumente gehört, bitte entscheiden Sie selbst. Stimmen Sie jetzt ab!" Ich wurde danach nicht mehr eingeladen.
Ich muss jedoch gestehen, dass ich von solchen Phantasien, jemanden mit anderer Meinung fertigzumachen, nicht ganz frei bin. Manchmal habe ich die Phantasie, in einer öffentlichen Diskussion eine Person aus dem Kreise der Homöopathie-Gegner argumentativ vollkommen zu besiegen, so zu besiegen, dass sie einfach nichts mehr sagen kann. Ich hoffe, dass ich, wenn es dazu käme (es wird aller Wahrscheinlichkeit nach nicht dazu kommen), von dieser Phantasie Abstand nehmen könnte, denn es geht nicht um meinen Sieg.

Es geht aber noch schlimmer: Jene, die unbedingt Recht behalten wollen (oder jene, die von diesen beeinflusst sind), können andere Parteien/Meinungen systematisch von der Diskussion ausschließen. Das geschieht tatsächlich und das ist wirklich schade, denn dann gibt es nicht einmal mehr den Schlagabtausch.
Der SPIEGEL sagt, was ist. Andere sagen das auch.

Um über gewisse Gegenstände mit Dreistigkeit zu schreiben, ist fast notwendig, dass man nicht viel davon versteht.

LICHTENBERG

Fakten , Hypothesen und Meinungen

Auf den ersten Blick sind Fakten und Meinungen unterschiedliche Kategorien. Wenn ich der Meinung bin, der Mond bestehe aus grünem Käse[12], darf ich das, auch wenn es nicht den Tatsachen entspricht. Bevor die ersten Gesteinsproben vom Mond auf die Erde gebracht wurden, hätte ich sogar behaupten können, man könne es doch schließlich nicht wissen, auch wenn die Käse-Hypothese noch so absurd ist. Absurdität ist eine Kategorie der geistigen, nicht der materiellen Wirklichkeit.
Dann wird es schwieriger. Es sind bestimmte Fakten über das Mondgestein bekannt, die die Käse-Hypothese widerlegen. Die Hypothese aufrecht zu erhalten, wenn sie widerlegt ist, wäre wissenschaftstheoretisch nicht in Ordnung, sie aber in eine Meinung zu verwandeln und ihr weiter anzuhängen ist legal und wird nicht sanktioniert (außer womöglich, dass jenen, die sie ernsthaft vertreten, gelegentlich ein Vogel gezeigt wird).

---

[12] Ich bin mir nicht sicher, wer das "grüne-Käse-Beispiel" erfunden hat. Wikipedia gibt A. Nonymus an. Ich hingegen habe irgendwie das Gefühl, dass es von Noam CHOMSKY stammt.

In diesem Beispiel ist es einfach, zwischen Faktum und Meinung zu unterscheiden.

Davon ausgehend macht es, auch wenn ich vorhin den Dialog gefordert habe und mich dabei auf berühmte Leute bezog, nicht immer Sinn, alle Meinungen in den Dialog einzubeziehen.
Ehrlich gesagt würde ich nicht unbedingt und gern ernsthaft mit Leuten, die der Käse-Hypothese, der Scheibenwelt- oder der Hohlwelthypothese anhängen, über eben diese Hypothesen reden.
Eine weitere Frage ist, ob man Fakten und Meinungen immer sicher unterscheiden kann.
Meine persönliche Auffassung dazu ist, dass man es wenigstens versuchen sollte, sonst gerät alles zur Beliebigkeit. Ich denke, dass Journalisten da wirklich in einer besonderen Verantwortung sind[13]. Aber sicher ist diese Unterscheidung nicht – oder nicht immer.

Alternative Fakten, Hypothesen und Meinungen

Andere könnten aber auch sagen (und sie tun es tatsächlich), es mache keinen Sinn, mit Homöopathen zu reden und schon gar nicht, sie öffentlich zu Wort kommen zu lassen, denn es sei ja erwiesen, dass in den homöopathischen Arzneimitteln nichts drin ist, weshalb Homöopathie genau solcher Blödsinn sei wie die Mond-Käse-Hypothese.
Ist im Falle der Homöopathie die Faktenlage so eindeutig wie beim Mond? Ist es ebenso sicher, dass Homöopathie nicht funktioniert wie dass der Mond nicht aus grünem Käse besteht?

---

[13] Leider nehmen sie diese Verantwortung nicht immer wahr, indem bei dem, was geschrieben steht, nicht immer erkennbar ist, ob es sich um Fakten oder Meinungen handelt.

Die hier zu stellende Frage ist die nach der Grenze, jenseits derer Dispute ihren Sinn verlieren, weil tatsächlich vollkommen klar ist, was ist.
Diese Grenze zu finden (und auch gelegentlich wieder in Frage zu stellen), ist Teil der journalistischen Verantwortung.
Manchmal ist es einfach. Wenn ich Leute um ihre Lebensumstände befrage, kann ich davon ausgehen, dass sie mir sagen, wie es ist (bzw. wie sie es empfinden). Hier ist nur die Frage, ob sie die Wahrheit sagen und ob der Berichterstatter die Wahrheit sagt (siehe Relotius). Dabei kann es Betrug geben. Es sind Kontrollmechanismen nötig, um das so weit als möglich zu verhindern. Zu 100 % wird das wahrscheinlich nicht zu erreichen sein. Aber das ist in meinen Augen nicht das eigentliche Problem.

Einfach ist es auch, zu sehen, dass zur Amtseinführung von Obama mehr Leute waren als zu der von Trump (es sei denn, es handelte sich bei zumindest einem der beiden Bilder um eine Fälschung).
An manchen Stellen wird es aber schwieriger.
Der Begriff der "alternativen Fakten" wurde ja in Zusammenhang mit jenen Fotos modern. Es ist einfach zu sagen, dass Fakten nun einmal Fakten sind und dass gegenteilige Behauptungen falsch sind. Das wäre richtig, wenn Fakten vollkommen kontextunabhängig wären und vollkommen voraussetzungsfrei ermittelt würden. Dem ist aber nicht so.

Ich möchte das an einem Beispiel illustrieren, das ich schon einmal gebraucht habe[14] und das ich hier noch einmal verkürzt darstellen möchte:
Schon lange gibt es Beobachtungen von sogenannten "Kugelblitzen". Physiker haben uns gesagt, dass so etwas unmöglich ist, weil ein Blitz ein Plasma ist und es nur durch Anwendung

---

[14] Dieter ELENDT: "Alternative Fakten. Fünfte Ausgabe von "Homöopathie und... - Eine Schriftenreihe, ein Glasperlenspiel", Norderstedt 2017

starker Magnetfelder möglich ist, dieses Plasma eine gewisse beobachtbare Zeit stabil zu halten.

Daraus folgt: Fakt ist, dass es keine Kugelblitze geben kann.

Folglich wurden Kugelblitze als Sinnestäuschung, als Halluzination oder als "ansteckendes" Phänomen der Massenhysterie angesehen. Mit anderen Worten: Die Leute, die so etwas gesehen haben, sind nicht ganz richtig im Kopf. Begründung: Das physikalische Faktum, dass es keine Kugelblitze geben kann, ist unumstößlich.

Irgendwann haben sich aber andere Wissenschaftler mit dem Phänomen befasst und herausgefunden, dass es doch "Kugelblitze" geben kann. Sie haben gleich mehrere Erklärungen dafür und konnten sogar kleine "Kugelblitze" im Labor erzeugen.

Daraus folgt: Fakt ist, dass es "Kugelblitze" geben kann.

Beide Fakten sind richtig, widersprechen sich aber. So etwas könnte man zu Recht "alternative Fakten" nennen.
Aber der logische Satz vom Widerspruch sagt, dass nicht beide Behauptungen wahr sein können – im oberflächlichen Verständnis also nur eine der beiden Aussagen Fakt sein kann.
Das Geheimnis liegt natürlich darin, dass beide "Fakten" wahr sind, dass sie aber auf unterschiedlichen Grundannahmen beruhen.
Der erste Satz hat als Grundannahme, dass ein Kugelblitz ein über Sekunden stabiles Plasma ist, welches nicht künstlich stabil gehalten wird.
Der zweite Satz hat als Grundannahme, dass ein Kugelblitz eine unmittelbar auf eine elektrische Entladung folgende annähernd kugelförmige Leuchterscheinung ist[15].

---

[15] Weitere Informationen zu der möglichen Natur dieser Leuchterscheinungen kann man problemlos dem Internet entnehmen, z.B.

In beiden Fällen, bei beiden Aussagen, handelt es sich aber um Fakten. Das heißt nichts anderes, als dass Fakten nicht vollkommen frei von Grundannahmen sind – seien sie nun bewusst oder unbewusst. Mit anderen Worten kann es tatsächlich alternative Fakten geben.
Auseinanderzuhalten, was wirklich unumstößlich ist (z.B. dass die Erde ein Planet von annähernd kugelförmiger Gestalt ist, der sich um die Sonne dreht und keine Scheibe) und was nicht ("es gibt keine Kugelblitze") ist eine hohe Kunst, deren Anfangsgründe Journalisten beherrschen sollten (vollständig beherrschen wird sie wohl niemand). Und diese Kunst erfordert, sich über die unausgesprochenen Grundannahmen von Hypothesen und Meinungen klar zu werden.

Lieber Leser, liebe Leserin, insbesondere die Journalisten unter Ihnen: Ich möchte Sie an dieser Stelle bitten, zu überlegen, wo man z.B. die Homöopathie einordnen soll: bei den Kugelblitzen oder beim Käse?
Wichtiger als die Frage, wie Sie sich entscheiden, ist aber die Frage, nach welchen Kriterien sie das tun! Und von welchem Standpunkt her Sie das tun[16].

Wie kann man "Käse" und "Kugelblitz" unterscheiden?

Wir sind also immer noch bei der Frage, wie man die Grenze zwischen dem Unumstößlichen und dem vielleicht doch an-

---

Wikipedia. In diesem Rahmen muss das daher nicht weiter ausgeführt werden.

[16] Es ist klar, dass man vom Kugelblitz-Standpunkt ("es ist so viel möglich und wir wissen so wenig") her anders entscheidet als vom Käse-Standpunkt ("so ein Blödsinn"). Es liegt auf der Hand, dass damit die Faktizität der daraus resultierenden Meinung in Frage gestellt wird. Günstiger wäre da schon ein Standpunkt außerhalb von "Kugelblitz" und "Käse", am besten ein Meta-Standpunkt. Aber wie soll der konkret aussehen?

ders Interpretierbaren ziehen kann, welche Kriterien es dafür gibt.
Der sogenannte "gesunde Menschenverstand" ist hierfür wahrscheinlich untauglich, denn er zeigt uns auch, dass sich die Sonne ganz eindeutig um die Erde dreht. Hätten wir in der Schule nicht das Gegenteil gelernt, würden die meisten von uns das heute noch glauben. Ausnahmen mag es geben, aber die waren schon immer jenseits des sogenannten "gesunden Menschenverstandes".
Überdies ist der "gesunde Menschenverstand" ein Konstrukt, das erstens sehr schlecht definiert ist, zweitens nicht voraussetzungsfrei und drittens ausgrenzend bzw. pathologisierend (siehe aber auch eine weitere Bemerkung hierzu weiter unten, die den Menschenverstand dann doch noch etwas anders sieht).

Es liegt auf der Hand, dass Journalisten über die genannte Grenze nicht in allen Fällen selbst entscheiden können. Sie brauchen dazu Hilfe. Manchmal berufen sie sich auf Erfahrungen, insbesondere auf Erfahrungen von jenen, die solche Erfahrungen haben – am besten möglichst reichhaltige.

Wenn ich mich etwa erkundigen will, wie man ein richtig gutes Steak zubereitet, dann ist es wahrscheinlich vernünftig, einen Koch zu fragen, der in seinem Leben schon viele Steaks zubereitet hat und dessen Restaurant wegen der guten Steaks stadtbekannt ist (es müssen nicht unbedingt Michelin-Sterne sein). Das wäre eine Entscheidung auf Grund der Erfahrung und der demokratisch anerkannten Qualität.
Nun könnte es aber sein, dass es in der Stadt ein zweites Steak-Restaurant gibt, in dem die Steaks genauso gut schmecken und welches genauso gut besucht ist. Nur wendet der Koch eine andere Methode an, um das perfekte Steak zu erhalten (etwa Sous-vide). Es wäre dann falsch, wenn der Journalist, der uns das beste Steak-Rezept zukommen lassen möchte, nur einen der beiden Köche nach dem Rezept befragt.

Aber wie auch immer: Wissenschaft spielt hier eine marginale Rolle. Es ist dem Steakesser vollkommen egal, wie wissenschaftlich unterlegt die Methode der Zubereitung ist. Die Hauptsache ist, dass es schmeckt.
Ein wenig schwieriger wird es freilich, wenn der Koch-Journalist nicht nur entscheiden soll, welches der beiden Steakhäuser das bessere ist, sondern in die Auswahl auch noch das Burger-Restaurant "McMirror" und das vegane Restaurant "Sein ohne Schwein" einbeziehen soll. Dann sind die möglichen Erfahrungen so vielgestaltig, dass eine solche Aufgabe nur in den seltensten Fällen erfüllbar erscheint[17].

Es gibt Bereiche, in denen Erfahrung und demokratische Entscheidungen eine geringere Rolle spielen.
Es wäre etwa dem Gegenstand nicht angemessen, die Frage, ob das Higgs-Boson nun entdeckt worden ist oder nicht, durch einen Volksentscheid beantworten zu wollen. Dazu muss man die Experten befragen – diejenigen, die behaupten, es nachgewiesen zu haben und jene, die meinen, dass die Nachweise anzuzweifeln sind. Sofern beide entsprechend qualifizierte Physiker sind, wäre es durchaus sinnvoll, auch beide Gruppen zu Wort kommen zu lassen, selbst wenn der einen Gruppe 90% der Physiker und der anderen nur 10% angehören. Naturwissenschaft ist kein Mehrheitsentscheid, auch wenn es selbst in der gestrengen Naturwissenschaft Moden geben mag. Hier die Experten zu befragen und deren Auskunft in eine allgemeinverständliche Sprache zu übersetzen, halte ich für eine lohnende Aufgabe für Journalisten – wiewohl auch sie ein Grundverständnis für das Expertenwissen erfordert, denn sonst wäre keine Übersetzung möglich. Und natürlich wird die Qualität der Übersetzung recht unterschiedlich sein.

---

[17] Die geneigte Leserin bzw. der geneigte Leser mögen bitte davon absehen, aus diesem Abschnitt Schlussfolgerungen auf meine persönlichen Essensvorlieben zu ziehen.

Wichtig ist auch, zu unterscheiden, wann die unmittelbare Beobachtung durch den Journalisten entscheidend ist, wann er sich auf die Erfahrung seiner Interviewpartner berufen sollte und wann eine strenge wissenschaftliche Darstellung (wiewohl übersetzt) erforderlich ist.

Bis zu dieser Stelle muss festgehalten werden, dass sowohl die persönliche Beobachtung des Journalisten als auch die Befragung von Zeugen nicht garantiert, dass das, was daraus an Informationen für die Allgemeinheit destilliert wird, der Wirklichkeit entspricht. Die Forderung des Spiegels, nach der Relotius-Problematik besser auf die Authentizität der Quellen zu achten, ist nur ein Teil des Problems.
Wenn Betrug möglich war, um wieviel wahrscheinlicher ist dann erst der Irrtum? Und wie kann man möglichst wahrscheinlich machen, dass man sich nicht irrt? Beliebt ist in diesem Rahmen, sich auf wissenschaftliche Ergebnisse zu berufen.

Die Wissenschaft

Gesichertes Wissen schafft
Nur die moderne Naturwissenschaft.

Vor einigen Jahren war von einer wissenschaftlichen Studie die Rede, bei der die Konzentrationsfähigkeit von Personen, die dringend pinkeln mussten,verglichen wurde mit Personen, die nicht in solchen Nöten waren und zum Ergebnis hatte, dass Leute, die dringelnd pinkeln müssen, sich schlechter konzentrieren können.
Ich möchte mir hier gar nicht erst die Frage stellen, ob ein solcher Artikel, der mit wissenschaftlichen Methoden eine Tatsache beschreibt, die jeder kennt, irgend einen Sinn hat. Meine Frage ist, ob diese Tatsache, die jeder kennt, durch den

Artikel wahrer geworden ist. Meine Überzeugung ist: Nein, sie ist nicht wahrer geworden[18].
Vor kurzem gab es einen anderen Artikel, in dem auf die Bedeutung der Großmutter für die Enkel hingewiesen wurde. Ein Aspekt war die Hilfe, die von der Großmutter kommen kann[19]. In der Studie wurde doch allen Ernstes behauptet:

> *In unserer Studie konnten wir zeigen, dass der Großmuttereffekt abnahm, je weiter entfernt Großmutter und Mutter von einander lebten. Das Hilfspotenzial hängt offensichtlich mit der räumlichen Nähe zusammen.*

Ja, das kann man so sehen. Ich möchte das auch bestätigen: Wenn unser Sohn am Vormittag anriefe, ob meine Frau als Großmutter am Abend seinen Sohn betreuen könnte, weil er

---

[18] Leider kann ich für diesen Artikel keine Literaturstelle anführen und ich habe auch ganz einfach keine Lust, eine aufwändige Recherche wegen einer solchen Kleinigkeit zu unternehmen. Und übrigens gibt es auch Artikel, die das Gegenteil behaupten - wie es nun einmal in der Wissenschaft so ist, z.B.: https://www.ksta.de/gehirnforschung-volle-blase--voll-konzentriert-12342520. Zu bemerken ist, dass ich letztere Studie wirklich lustiger finde: Es wurde Probanden, die dringend pinkeln mussten, die Frage gestellt, ob sie jetzt einen bestimmten Geldbetrag ausgezahlt haben möchten oder nächste Woche das Doppelte. Diejenigen, die dringend pinkeln mussten, entschieden sich signifikant häufiger für die Variante "nächste Woche das Doppelte". Man könnte das ad hoc auch so interpretieren, dass diejenigen, die nicht pinkeln mussten, dass Experiment so bescheuert fanden, dass sie sich sagten: "Gebt mir das Geld, ich komme nie wieder", und diejenigen, die dringend pinkeln mussten, meinten "Lasst mich jetzt endlich raus, ich muss pinkeln, ich komme dann nächste Woche und hole mir die Kohle." Zu bemerken ist dabei, dass ich – wie es der Rahmen dieser kleinen Arbeit erlaubt – nicht die Originalarbeit gelesen habe, sondern ihr Referat in der "Qualitätspresse", dass sich also beim Lesen des Originals einiges anders darstellen könnte.
[19] https://www.welt.de/wissenschaft/article188628173/Menopause-Grossmuetter-sind-fuer-Familien-sehr-wichtig.html

einen wichtigen Vortrag von Natalie GRAMS[20] besuchen möchte, so wäre das bei einer Entfernung von ca. 3000 km und einer Gesamtreisezeit von ca. 10 Stunden doch ein wenig unrealistisch.
Aber nun ist diese Binsenweisheit wissenschaftlich erwiesen.

In einem anderen Artikel bestand ein eklatanter Widerspruch zwischen dem wissenschaftlichen Ergebnis und der persönlichen Erfahrung vieler Menschen. Die zentrale Aussage des Artikels (bzw. dessen Referat in der Qualitätspresse) war: "Es gibt kein prämenstruelles Syndrom"[21].
Manchmal geht die Wissenschaft mit der Lebenswirklichkeit der Menschen konform, manchmal widerspricht sie ihr.

Wissenschaft ist schwer zu definieren. Sie ist zunächst ein Weg, Wissen zu erwerben. Sie ist auch ein Weg, sich der Wahrheit anzunähern. Und sie will, dass dieser Erwerb von Wissen und diese Annäherung möglichst wenig von Irrtümern erschwert werden. Dafür hat Wissenschaft in der Tat taugliche Methoden ersonnen. Aber als sicher kann man diese Methoden nicht bezeichnen.
Linus PAULING war das bewusst, als er seine "Definition" von Wissenschaft hinschrieb:

Wissenschaft ist Irrtum auf dem neuesten Stand.

Ganz entscheidend für Wissenschaft ist das Wissen darum, dass Irrtümer möglich sind. Eine Wissenschaft, die sich nicht irren kann, wäre keine Wissenschaft. Wenn jemand (auch

---

[20] Natalie GRAMS ist eine Ärztin, die eine Zeitlang als niedergelassene Homöopathin tätig war, sich aber dann in einem Buch, etlichen Vorträgen und im Internet gegen Homöpathie äußerte und noch äußert.
Buch: GRAMS, N.: "Homöopathie neu gedacht. Was Patienten wirklich hilft", Berlin, Heidelberg 2015

[21] Auch hier kann ich leider keine Referenz angeben. Mir scheint aber, dass auch hier die journalistische Aufbereitung einer wissenschaftlichen Arbeit mit begrenztem Ergebnis ein weitergehendes Ergebnis suggeriert, welches so nicht ernsthaft haltbar ist.

ohne es offen zu sagen) annimmt, Wissenschaft könne sich nicht irren, so handelt es sich ganz bestimmt nicht um einen Wissenschaftler. Jeder wirkliche Wissenschaftler würde das auch so sehen, Journalisten nicht immer, denn sie führen immer wieder das Argument "Die Wissenschaft hat festgestellt" gewissermaßen als "Beweis" an. Schlimmer noch ist die Negation einer Hypothese mit dem Pseudo-Argument, die Wissenschaft habe keine Anhaltspunkte für die Richtigkeit dieser Hypothese. Darauf werde ich zurückkommen.

Wissenschaft, Erfahrung, quantifizierte Erfahrung und Erklärungsnöte

Eine weitere Frage ist, die nach Wissenschaft und Erfahrung .
Erfahrung kann sich irren; Wissenschaft kann sich irren.
Eine einfache Form von Wissenschaft ist das phänomenologische "Wenn... dann...": "Wenn ich zwei Kugeln von gleicher Größe aber unterschiedlichem Gewicht vom schiefen Turm zu Pisa fallen lasse, kommen beide gleichzeitig unten an."
Hier kommen sich Erfahrung und Wissenschaft sehr nahe. Ein anderes Beispiel für Erfahrungswissen kenne ich von Teneriffa: Hier gibt es die Auffassung (die über Generationen weitergegebene Erfahrung), dass, wenn der Teide einen Sombrero hat, Sturm droht (mit dem Sombrero ist eine weiße Wolke gemeint, die bei klarem Wetter die Spitze des Teide umhüllt und tatsächlich die Form eines Hutes hat).

So lange ich hier lebe, hat sich das fast immer bewahrheitet: Stunden bis einen Tag, nachdem der Sombrero zu sehen war, gab es immer Sturm - mit einer einzigen Ausnahme. Ich weiß nicht, ob die Relation Sombrero-Sturm wissenschaftlich untersucht worden ist, aber der Unterschied der wissenschaftlichen Untersuchung zur tradierten Erfahrung wäre nur ein quantitativer (und quantifizierbarer in Form der Angabe der Wahrscheinlichkeit, dass nach einem Sombrero Sturm kommt).
Frage: Würde die schon lange existente Beobachtung wahrer, wenn sie wissenschaftlich belegt und quantifiziert wäre? Und wenn ja, um wieviel wahrer (oder falscher)?
Das ist eine Seite der Wissenschaft: die Quantifizierung von solchen Korrelationen. Sie hat erst einmal nichts mit der Frage zu tun, wie denn die Kausalkette vom einen zum anderen aussieht.

Zu wissen, <u>wie</u> etwas funktioniert ist etwas anderes als zu wissen, <u>dass</u> es funktioniert. Beides kann man als wissenschaftliche Fragestellungen ansehen.
Das Wissen darüber, dass etwas funktioniert, kann uns auch die Erfahrung geben. Das Wissen, wie es funktioniert, ist dann schon eher eine Fragestellung, für deren Beantwortung die Wissenschaft prädestiniert ist. Beide Fragestellungen haben aber nicht notwendig miteinander zu tun.

Ein medizinisches Beispiel:
Ein chinesischer Akupunktur-Arzt verfügt über die Erfahrung, dass Akupunktur bei bestimmten Beschwerden – sagen wir: des Knies – in der Regel wirkt. Sein westlicher Kollege macht hierzu eine placebokontrollierte Studie und findet ebenfalls heraus, dass Akupunktur bei jenen Beschwerden wirkt. Der einzige Unterschied ist, dass der westliche Kollege auf Grund seiner Methodik eine Zahl ("p") angeben kann, die ausdrückt, wie wahrscheinlich es ist, dass er sich geirrt hat, mit anderen Worten, wie wahrscheinlich es ist, dass die Besserungen spon-

tan und zufällig eingetreten sind und mit der Akupunktur gar nichts zu tun haben.
Bis hierhin sind die Erfahrung des chinesischen traditionellen Arztes und die wissenschaftliche Studie des westlichen Arztes gar nicht so unterschiedlich.
Wenn wir aber nun beide fragen, wie denn diese Besserungen zustande gekommen sind, also nach dem Weg der Heilung, dann werden wir möglicherweise sehr unterschiedliche Antworten bekommen.
Der Chinese wird von einer universellen Lebensenergie namens Qui reden, von Prinzipien wie Yin und Yang, von Energiezirkulation innerhalb von Leitbahnen, von Organsystemen, die nicht mit unseren westlichen übereinstimmen, von Fülle und Leere, von verschiedenen Zyklen ("Shang" und "Ko") der Energiezirkulation. Er wird es aber schwer haben, all das für den Westler glaubhaft nachzuweisen. Seine Hypothese erklärt, warum Akupunktur bei den Kniebeschwerden hilft, aber sie ist nicht bewiesen, sie bleibt eben eine Hypothese.
Der Westler wird unzufrieden sein, denn die Hypothese ist nicht bewiesen. Sie erklärt zwar die Heilung, aber es wäre auch eine andere erklärende Hypothese dafür möglich.
Dummerweise hat aber der Westler selbst auch keine Erklärung.
Man könnte das an dieser Stelle so stehen lassen. Das wäre wahrscheinlich am vernünftigsten.
Aber man kann auch folgendes sagen:
"Wir wissen (es ist sehr wahrscheinlich), dass Akupunktur bei Kniebeschwerden wirkt. Die Hypothese, die der chinesische Kollege über die Wirkungsweise angibt, ist nicht verifiziert, also ist sie zu verwerfen."
Das ist natürlich falsch, denn solange nicht verifiziert ist, dass der Mond aus Gestein und nicht aus grünem Käse besteht, ist keineswegs ausgeschlossen, dass er aus Gestein besteht.
Man kann noch weiter gehen: "Wenn die Hypothese des Kollegen zu verwerfen ist, sollte man eine Alternativhypothese ersinnen und prüfen."

Nun sind möglicherweise Alternativhypothesen, die sich auch noch belegen lassen, gerade nicht reichlich im Angebot. Da kann man eine ad hoc-Hypothese ersinnen und als einzige Alternative darstellen. Im medizinischen Bereich ist das in der Regel die Placebohypothese. Eigentlich ist aber dieses ad-hoc-Herangehen ("weil wir keine Erklärung für den Wirkungsmechanismus haben, kann es sich nur um einen Placeboeffekt handeln") als unwissenschaftlich zu klassifizieren.

DIE WISSENSCHAFT hat festgestellt...

An dieser Stelle möchte ich behaupten, dass es DIE WISSENSCHAFT gar nicht gibt.

Wissenschaft ist vielmehr ein Prozess – oft ein Kampf –, in dem es um den Wettstreit von Hypothesen geht, also darum, welche Hypothese die Wirklichkeit am besten abbildet[22].
Tatsächlich ist es keineswegs so, dass DIE WISSENSCHAFT immer sagen kann, wie es ist. Die Wissenschaftler treffen nämlich recht unterschiedliche Aussagen über die Welt. Und sie zoffen sich gelegentlich recht heftig darüber (was gut so ist).
Es gibt Journalisten, die versuchen, diesen Zoff auch in ihren Beiträgen abzubilden. Viele tun das aber nicht und bilden nur eine Seite ab (ob sie nun dem Mainstream entspricht oder nicht). Oder sie schreiben tatsächlich solche Sätze wie "Die Mehrheit der Wissenschaftler ist sich einig, dass..." Hierzu muss gesagt werden, dass der Wahrheitsgehalt wissenschaftlicher (wie auch anderer) Aussagen nicht per Abstimmung entschieden werden kann. Die Aussage, dass die Mehrheit der

---

[22] An dieser Stelle ist freilich – wie oben in einem etwas anderen Zusammenhang bereits erwähnt – die Frage zu stellen, woher wir denn wissen wollen, welche Hypothese die Wirklichkeit am besten abbildet, wenn wir die Wirklichkeit nicht direkt kennen. Man kann da von solchen Sachen wie Erklärungsleistung und Voraussageleistung sprechen, aber das sind eben nur Leistungen und als Wahrheitskriterien fragwürdig.

Wissenschaftler der Meinung sei, dass... ist damit zu kennzeichnen, dass sie keinerlei konstruktiven Beitrag zur Erkenntnis leistet. Sie erzeugt allenfalls ein wohliges Gefühl, dass man nicht allein ist.

Die real existierende Wissenschaft, von der die Journalisten zumeist berichten (es gibt auch andere Ansätze, die aber in diesem Rahmen kein Thema sein können) ist aber kalt und gnadenlos. Entweder die gemachte Aussage lässt sich belegen oder eben nicht.

Dennoch wird das Argument von der Mehrheit der Wissenschaftler im Journalismus gern gebraucht, denn es kann eine (scheinbare) Bestätigung einer These (insbesondere einer Mainstream-These) darstellen.

Zwischenstück: Die Lungenärzte und die Luftverschmutzung

Am 30.1.2019 las ich bei "SPIEGEL online" einen sehr interessanten – und wie ich meine, klugen – Artikel von Nina WEBER, einer Autorin, die sich gelegentlich deutlich gegen Homöopathie ausspricht. Um Homöopathie ging es jedoch in dem Artikel nur am Rande. Vielmehr war das Thema die Frage, wie die Tatsache, dass sich eine Gruppe von Pulmonologen dahingehend geäußert hatte, dass der Einfluss von Feinstaub und Stickoxiden auf die Gesundheit für sie in ihrer täglichen Praxis nicht spürbar sei. Dem stehen wissenschaftliche Untersuchungen entgegen, die behaupten, dass dieser Einfluss sehr wohl vorhanden sei. Von Frau WEBER wird das schließlich auf zwei gegeneinender stehende Aussagen reduziert (diese Reduktion ist ihr nicht übel zu nehmen, man hat ja als Journalist immer nur begrenzten Platz):

1. "Gesundheitsschädliche Effekte von Luftschadstoffen sind sowohl in der Allgemeinbevölkerung als auch bei Patienten mit verschiedenen Grunderkrankungen gut untersucht und belegt."

2. *"Lungenärzte sehen in ihren Praxen und Kliniken diese (durch Zigarettenrauch bedingten) Todesfälle an COPD und Lungenkrebs täglich; jedoch Tote durch Feinstaub und NOx, auch bei sorgfältiger Anamnese, nie."*

Dass die beiden Aussagen gegensätzlich sind, ist klar. Frau WEBER stellt daraufhin an die Leser und Leserinnen ihres Artikels die Frage, welcher Aussage sie mehr trauen würden.
In der Folge schreibt sie, dass man der ersten Aussage mehr trauen sollte. Ehrlich gesagt gehe ich sogar damit konform und meine, dass Luftschadstoffe so weit als möglich reduziert werden sollten – was aber wiederum ein vernünftiges Abwägen erfordert[23].

Wir haben hier zwei Aussagen vor uns, deren eine sich auf Erfahrung beruft, die andere aber auf wissenschaftliche Studien[24].

Beides ist aber fallibel. Erfahrung kann trügen und wissenschaftliche Studien können sich in Nachhinein als Irrtümer herausstellen. Beides ist schon geschehen. Das kann man aber nicht von vornherein wissen.
Die Frage ist abermals, wie wir uns entscheiden sollen, wem wir mehr glauben sollten..

Ich plädiere mit John Stuart MILL dafür, dass beiden Seiten ein öffentliches Podium geboten werden sollte. Frau Weber schreibt hingegen in ihrem Artikel von "false balances". Man könnte auch von dem Begriff des "bothsideism" sprechen

---

[23] Es wäre z.B. für die Schadstoffreduktion bestimmt auch günstig, die Raumtemperatur in Wohnungen gesetzlich auf 13° zu begrenzen. Erfrieren würde dadurch niemand, aber lustig wäre es auch nicht. Das vernünftige Abwägen ist gemeinhin eine Aufgabe der Politik.

[24] Zu ergänzen ist, dass den Pulmonologen mittlerweile falsche Berechnungen vorgeworfen werden. Mir scheinen aber auch die Gegenrechnungen nicht richtig zu sein, vor allem wegen schlechter Definition der Randbedingungen. Aber ich verstehe zu wenig davon...

(wobei ich wahrscheinlich dieser verderblichen Abweichung zugeordnet werden müsste – zusammen mit Sokrates, dem ich natürlich nicht das Wasser reichen könnte).
Aber tatsächlich ist etwas daran, was Frau Weber da schreibt. Bei der Erörterung der Frage nach der Natur des Mondgesteins macht es wahrscheinlich wenig Sinn, ständig zu erwähnen, dass es auch Leute gibt, die meinen, dass der Mond aus grünem Käse besteht. Man würde diese irrige Auffassung dadurch nur fördern.

Die Frage ist wiederum, wo die Grenze liegt.

Es ist tatsächlich schwierig, sich bei der von Frau WEBER aufgestellten Alternative zu entscheiden und zu bestimmen, auf Grund welcher Kriterien das geschehen sollte. Die schiere Anzahl der Literaturangaben zu der ersten These (451) ist zwar beeindruckend, aber ich würde mir zutrauen, innerhalb einer Woche mit Hilfe eines ordentlichen Internet-Zuganges ebenso viele Belege zu Ufo-Abduktionen zu finden. Und an die glaube ich nun gar nicht.

Man könnte Lesern auch folgende Fragen stellen:

> Glauben Sie, dass 1) die Erde eine annähernde Kugel ist oder 2) eine Scheibe?
>
> Glauben Sie, dass sich die Erde um die Sonne dreht (1) oder umgekehrt (2)?
>
> Glauben Sie, dass Donald Trump eine narzisstische Persönlichkeitsstörung hat (1) oder dass er ein richtig knackiger und gesunder Typ ist (2)?
>
> Glauben Sie, dass Homöopathie Blödsinn ist (1) oder dass sie Patienten effektiv helfen kann (2)?

Glauben Sie, dass die Beulenpest ein Fluch (1) oder ein Segen (2) der Menschheit ist?

Glauben Sie, dass das Universum vor ca. 15 Milliarden Jahren in einer Singularität entstanden ist (1) oder glauben Sie, dass es schon ewig existiert (2)?

Glauben Sie, dass es neben unserem Universum noch andere Universen gibt, zu denen wir aber keinen Kontakt aufnehmen können (1) oder glauben Sie, dass unser Universum das einzige ist (2)?

Glauben Sie, dass all unsere Eigenschaften genetisch festgelegt sind (1) oder glauben Sie, dass es erhebliche Variabilität gibt (2)?

Glauben Sie, dass Gott die Welt erschaffen hat (2) oder glauben Sie, dass es sich hier um eine natürliche Entwicklung handelt (1)?

Glauben Sie, dass mit dem Tode das Bewusstsein für immer erlischt (1) oder glauben Sie, dass das Bewusstsein irgendwie weiterexistiert (2)

Wenn Sie mehr als 11 Punkte erreichen, sind Sie ein Vollpfosten!

Was ich mit dieser Zuspitzung eigentlich sagen will, ist erstens, dass wir nicht immer über die Mittel verfügen, uns bei solchen Alternativen klar zu entscheiden. Mit anderen Worten handelt es sich oft – wie formuliert – um eine Glaubensentscheidung. Bei den ersten beiden Fragen ist es ziemlich klar, bei den nächsten wird es schwieriger.
Beispielsweise wird wohl jeder, der einmal davon gehört hat, an den Urknall glauben, die meisten wahrscheinlich, ohne zu verstehen, wie das Konzept entstanden ist. Die Urknall-

Theorie ist aber Gemeingut geworden, so sehr sie auch dem "gesunden Menschenverstand" widerspricht. Bei der Frage des Multiversums wird es noch schwieriger: Die Existenz von anderen Universen ist prinzipiell nicht überprüfbar. Und selbst das habe ich nur gelesen und kann es aus meinen Kenntnissen nicht überprüfen. Es kommt also nur noch darauf an, wie schmackhaft man mir diesen Glauben machen kann.
Was im SPIEGEL steht, hat einen großen Gehalt an Glaubwürdigkeit. Was als wissenschaftlich bezeichnet wird, hat einen großen Gehalt an Glaubwürdigkeit. Was von seriös blickenden älteren Herren mit Doktorgrad und weißem Kittel (im medizinischen Bereich zusätzlich mit um den Hals gelegtem Stethoskop) gesagt wird, hat einen hohen Grad von Glaubwürdigkeit (außer diese Mediziner sind Homöopathen). Was von jungen Konvertiten wie Natalie GRAMS gesagt wird, hat einen hohen Grad von Glaubwürdigkeit.
Die 452 Literaturstellen über Feinstaub und Stickstoffoxide selbst zu lesen und zu überprüfen, werden wohl wenige schaffen (und viele von denen, die es schaffen könnten, werden es gar nicht erst in Angriff nehmen, mich eingeschlossen). Und selbst wenn, dann könnte es doch auch sein, dass die zwei oder drei kontroversen Literaturstellen der Wahrheit näher liegen als die 452...
Ja, liebe Frau WEBER, Sie haben Recht: Wir müssen uns entschließen, wem wir glauben (oder auch nicht). Die Frage ist, nach welchen Kriterien wir das tun. Der SPIEGEL ist ein solches Kriterium. Nur kann man die Kriterien des SPIEGEL auch wieder anzweifeln.
Die Frage ist weiter, wann man als Einzelner gute Gründe hat, sich klar auf eine Seite zu schlagen und wann man wirklich beide hören sollte. Die Frage ist auch, nach welchen Kriterien man diese Grenze ziehen sollte. Die Frage ist, wer hier das Sagen hat. Humpty Dumpty womöglich?

Den Schluss des Artikels von Nina WEBER möchte ich gern unterschreiben:

Das heißt nicht, dass wir die Stellungnahme KÖHLERS lieber allesamt hätten ignorieren sollen. Ein Infragestellen etablierter, lieb gewonnener Thesen ist grundsätzlich nie verkehrt. Das sollte aber nicht dazu führen, dass - wie es hier zum Teil geschehen ist - den Kritikern alles völlig kritiklos geglaubt wird. Wer hinterfragt, muss auch hinterfragt werden.

Was ist aber, wenn der Hinterfragende nicht hinterfragt werden kann, weil er nicht gehört wird, weil er gar keine Stimme in der Öffentlichkeit bekommt? KÖHLER und seine Mitunterzeichner haben eine Stimme in der Öffentlichkeit bekommen, es kommt aber oft vor, dass Leute, die auch Substanzielles und Begründetes zu sagen hätten, nicht gehört werden.

Und noch eine Bemerkung zu Frau WEBER möchte ich anführen: Sie fragt den Leser, welcher der oben genannten Behauptungen sie mehr trauen würden.

Ich möchte den Lesern dieses Büchleins noch eine ähnliche Frage stellen:
Wissenschaftler sagen, dass die Mondphase, in der Holz geschlagen wurde, keinen Einfluss auf die Gebrauchseigenschaften des fertigen Produktes habe. Zimmerleute sind da häufig anderer Meinung, auch der Zimmermann meines Vertrauens. Er hat dazu sogar Experimente durchgeführt (was heißt, dass er irgendwie auch wissenschaftlich herangegangen ist). Hand aufs Herz, liebe Leser: Wenn Sie sich einen neuen Dielenfußboden von 100 m^2 einbauen lassen wollen, wem würden Sie mehr trauen: dem Wissenschaftler, der nicht weiß, wie man einen Hammer hält oder dem Zimmermann, der die Studien des Wissenschaftlers nicht gelesen hat? [25]

---

[25] Die Frage ist nicht leicht zu entscheiden, ich weiß aber, wem ich am wenigsten traue: Dem Journalisten, der das für mich entscheidet und andere Argumente unterdrückt.

Ende des Zwischenstücks

Ich schrieb gerade von einem Aufeinanderprall von Wissenschaft und Erfahrung bzw. von Theorie und Praxis.

Sie müssen aber nicht aufeinanderprallen. Ich erinnere mich, dass wir einmal einen Fachwerkanbau an unser Haus machen wollten. Wir hatten dafür ein wirklich gutes Projekt von einem Bauingenieur, der die ganze Statik berechnet hat, alles super und schön wissenschaftlich. Und dann stand am Schluss der mich erschütternde Satz: *Ansonsten sind die Arbeiten nach den Regeln der Zimmermannskunst auszuführen.*
Die Zimmerleute meines Vertrauens haben sich an das Projekt gehalten. Mit einer Ausnahme: An einer Stelle haben sie einen Pfosten weggelassen und dafür eine Strebe eingezogen. Es hat funktioniert. Wissenschaftliche Berechnung und Erfahrung haben harmoniert.
Mehr noch: Wissenschaft und Kunst haben harmoniert, denn es war ja ausdrücklich von den Regeln der Zimmermanns-kunst die Rede.
Als Arzt fallen einem da natürlich die Begriffe "medizinische Wissenschaft", "ärztliche Erfahrung" und "Heilkunst" ein. In welchem Verhältnis sollten diese idealerweise stehen? Diese Frage ist schwer zu beantworten, weil sich diese Bereiche ständig verschieben und ihr Verhältnis daher immer wieder Verhandlungsgegenstand ist. Aber all das gilt natürlich nicht nur für die Zimmerleute und für die Mediziner.
Meine Frage ist, ob sich diese Verhältnisse jener verschiedenen Erkenntnis- und Handlungsformen adäquat in der journalistischen Abbildung des betreffenden Themas wiederfinden. Mir scheint, dass es da zwei Richtungen gibt: Einmal die Richtung der bloßen Meinung (die noch vor den hier beschriebenen unterschiedlichen Herangehensweisen steht) und zum anderen der letztlich ausschließliche Bezug zur Wissenschaft. Das verstehe ich sogar: Wenn man sich auf Wissenschaft beruft, ist man als Journalist immer auf der sicheren

Seite, insbesondere dann, wenn man auch die verschiedenen wissenschaftlichen Sichtweisen und Hypothesen auf die der Mehrheit reduziert oder andere – mir unbekannte – Auswahlkriterien anwendet.

Nun habe ich ein paar kleinere Bemerkungen zur Wissenschaft gemacht; folgen soll noch etwas zum Wissenschaftler:

Der Wissenschaftler

Wer oder was ist eigentlich ein Wissenschaftler und wie zeichnet er sich gegenüber normalen Menschen aus?

Als mein Sohn noch klein war und vom wohltemperierten Stillen darauf gewöhnt werden sollte, aus einer Flasche mit Sauger zu trinken, erlebte ich ein merkwürdiges Phänomen: Jene pulverisierte Sekundärmilch bringt man ja zunächst zum Kochen, damit sie steril ist. Dann muss man sie auf Baby-verträgliche Temperaturen abkühlen, was dadurch geschieht, dass man den Gummisauger aufsteckt und die Flasche unter fließendes Wasser hält. Sinnvoll ist auch, sie dabei etwas zu schütteln, damit sich die Wärmeableitung verbessert. Dabei ereignete sich aber ein folgendes Phänomen: Beim Schütteln der heißen Flasche unter dem kalten Leitungswasserstrahl flog der aufgesetzte Sauger ab und die heraustretende, fast noch 100° C heiße Milch verbrühte mir die Hand. Wissenschaftlich gesehen wäre doch eigentlich zu erwarten gewesen, dass sich der Sauger eher nach innen stülpt, weil sich ja, wie wir alle in der Schule[26] gelernt haben, Stoffe beim Abkühlen zusammenziehen (mit wenigen Ausnahmen, etwa Wasser unterhalb von 4° C). Von 4°C und darunter konnte hier allerdings keine Rede sein und es wäre dem Baby wohl auch nicht gut bekommen.

---

[26] Vorausgesetzt, dass man das, was wir in der Schule lernen, wirklich als Wissenschaft bezeichnen kann und nicht als Massensuggestion. Aber gehen wir einmal von ersterem aus.

Ich ging wissenschaftlich heran. Als erstes untersuchte ich, ob das Ergebnis des Experiments reproduzierbar ist und verbrühte mir abermals die Hand. Mit anderen Worten handelt es sich tatsächlich um eine Tatsache dieser Welt, die nach einer Erklärung schreit. Ich fand die Erklärung: Über der Flüssigkeit befand sich eine Gasblase. Durch das Schütteln wurde diese erwärmt. Der Volumenausdehnungskoeffizient von Luft ist aber sehr viel größer als der von Wasser bzw. Milch. Der Effekt der Volumenverminderung durch Abkühlung der Flüssigkeit war am Anfang sehr viel kleiner als der Effekt der Volumenausdehnung der Gasblase durch Erwärmung, weshalb der Sauger abflog[27].

Diese Untersuchung wurde mittels wissenschaftlicher Methode vorgenommen, auch wenn diese nur auf Schulwissen beruhte.
Es handelte sich um eine Methode in zwei Schritten: Zuerst ging es um die Überprüfung, ob das Phänomen existiert, sprich: ob und unter welchen Bedingungen es reproduzierbar ist. In diesem Falle, da es sich ganz offenbar um ein Phänomen der klassischen Physik handelte, erschien mir die einmalige Reproduktion ausreichend.
Der zweite Schritt war, das Phänomen zu erklären. In diesem Falle ist es mir gelungen, eine rationale Erklärung (also eine Erklärung auf Grund dessen, was ich weiß oder zu wissen glaube) zu finden, die höchstwahrscheinlich auch richtig ist. Man muss nicht davon ausgehen, dass es in jedem Falle so einfach ist[28]. Der dritte Schritt wäre die Überprüfung meiner

---

[27] Es gilt natürlich, gewisse Randbedingungen zu definieren. Dazu zählt erstens, dass der Sauger nicht etwa befestigt sein darf, sondern einfach nur übergezogen und das zweitens das Loch, aus dem das Baby trinkt, hinreichend klein ist, um den Druckaustausch über dieses Loch eben nicht zu gewährleisten.

[28] Ich erinnere noch einmal an die Kugelblitze und will ein neues Beispiel einführen, das sich auch im Bereich von Wasser bewegt: Heißes Wasser gefriert (in der Tiefkühltruhe) schneller als kaltes. Das kann man zwanglos ausprobieren. Es stimmt (wenn man gewisse

Gasblasen-Hypothese im Experiment mit exakten Messungen. Diesen habe ich ausgelassen, weil die Erklärung recht zwingend war und weil ich das dafür erforderliche Equipement damals gerade nicht in der Küche hatte.
Es ist an dieser Stelle unerlässlich, darauf hinzuweisen, dass Schritt eins und Schritt zwei nur insofern miteinander zu tun haben, dass Schritt zwei auf Schritt eins aufbaut, denn es erscheint einigermaßen sinnlos, eine Erklärung für ein Phänomen zu suchen, das nicht existiert[29].

Meine Frage ist, ob ich durch dieses wissenschaftliche Vorgehen prädestiniert bin, als wissenschaftlicher Experte für Babymilch zu gelten.

Beziehungsweise ist die Frage in einem allgemeineren Sinne, was für Voraussetzungen man erfüllen muss, um als Wissenschaftler bzw. wissenschaftlicher Experte zu gelten.
Ich muss hier noch einmal betonen, dass ich das Babymilch-Problem wissenschaftlich gelöst habe. Zwar war ich damals schon promoviert, aber ich denke, dass dieser Nachweis der Fähigkeit zum wissenschaftlichen Arbeiten nicht notwendig gewesen wäre, um die Erklärung zu finden (ich halte ihn übrigens auch nicht für hinreichend, aber das ist eine andere Geschichte...). Ich muss auch bekennen, dass es in jener Zeit auch das eine oder andere Problem gegeben hat, das ich nicht auf wissenschaftliche Weise gelöst habe (und sogar einige wenige, die ich gar nicht lösen konnte[30]).
Obwohl ich das Babymilch-Problem lösen konnte und obwohl das auf wissenschaftliche Weise geschah, muss ich sagen, dass mich das nicht unbedingt dafür prädestiniert, als Wissenschaftler zu gelten. Aber was braucht es noch mehr?

Randbedingungen beachtet). Die Erklärung ist hingegen womöglich nicht ganz so einfach.

[29] Das erscheint mir wie die legendäre Ausbildung zum Drachentöter. Obwohl – wenn man es symbolisch betrachtet, dann könnte doch etwas daran sein. Da müssten wir Carl Gustav JUNG konsultieren...

[30] Das ist lange her. Heute löse ich selbstverständlich alle Probleme!

Es braucht einen Schein. Oder besser mehrere. Der beste ist eine Professur, der zweitbeste. Auch ich verfüge über solche Scheine[31].

Heiße Magister, heiße Doktor gar...
Faust, 360

Damit bin ich per definitionem Wissenschaftler. Faust hat es bekanntlich nicht viel genutzt.
Man kann sich aber durchaus fragen, ob der Schein hinreichend ist, um als Wissenschaftler gelten zu können, zumal es sogar bei Dissertationen große Qualitätsunterschiede gibt. Bekannt ist etwa, dass medizinische Promotionen durchschnittlich deutlich geringere Qualitätsstandards erfüllen als naturwissenschaftliche.
Aber man kann auch sonst vergleichen:

Welche Dissertation ist besser:

Meine ("Vergleich verschiedener Präparationsmethoden für die Komplementkomponente C1q...", 57 Seiten)?

Oder die von Natalie GRAMS ("Qualitätsvergleich von Traditionellen chinesischen Arzneimitteln..." 77 Seiten)?

Oder die von Norbert AUST über thermische Turbomaschinen (die ich nicht auffinden konnte, da sie offenbar nicht in der deutschen Nationalbibliothek verzeichnet ist)?

Oder die von Albert EINSTEIN ("Eine neue Bestimmung der Moleküldimensionen", 21 Seiten)?

---

[31] Einen darüber, dass ich Diplom-Mediziner bin, eine medizinische Promotion in Deutschland, eine in Spanien (wobei es sich hier um die gleiche Dissertation handelt), eine "Ph.D."-Urkunde aus Colombo, eine "D.Sc." Urkunde aus Colombo. Ich führe aber nur den deutschen Doktortitel und auch auf den lege ich nicht sonderlich viel Wert, obwohl ich dafür echt gearbeitet habe.

Da habe ich ein Problem: Ich kann es nicht beurteilen. Die Dissertation von Norbert AUST kann ich nicht beurteilen, denn ich verstehe nichts von thermischen Turbomaschinen. Die von Albert EINSTEIN versuche ich gar nicht erst zu verstehen. Die von Natalie GRAMS verstehe ich, verzichte aber aus Gründen, die ich hier nicht darlegen will, darauf, ein Urteil abzugeben. Und meine eigene: Nun ja, dazu sollte ich kein Urteil abgeben. Was die anderen drei genannten Doktoren zu meiner Dissertation meinen, kann ich nicht sagen. Überdies hat mindestens einer von ihnen sie nicht gelesen.

Dennoch haben wir alle vier einen Schein, der uns bestätigt, dass wir zum wissenschaftlichen Arbeiten fähig sind. Aber ich bin verdammt noch mal nicht fähig, auf dem Gebiet der thermischen Turbomaschinen ein wissenschaftliches Urteil abzugeben. Es ist manchmal problematisch, wenn ein Wissenschaftler versucht, wissenschaftliche Aussagen über ein anderes Fachgebiet als das seine zu treffen.

Dennoch findet man manchmal solche Aussagen wie jene: Die *Wissenschaft international ist sich ziemlich einig, dass an der Homöopathie nichts dran ist*[32]. Nein, ist sie nicht! Jedenfalls nicht, wenn ein Wissenschaftler jemand ist, der seine Fähigkeit zum wissenschaftlichen Arbeiten nachgewiesen hat und dafür einen Schein besitzt.

Wir sollten endlich einmal Abstand nehmen von der Meinung, dass Wissenschaft mit Wahrheit gleichzusetzen ist.

---

[32] Norbert AUST in einer Fernsehsendung (RTL, "Spiegel-TV") vom 5.11.2018 mit dem Titel *Sagenumwobene Globuli: Das Riesen-Geschäft mit der Homöopathie*. Zur Frage, ob sich Wissenschaft einig sein kann, werde ich weiter unten nochmals Stellung beziehen. Immerhin sollte man Herrn AUST die Frage stellen, was in seiner Rede das Wort "ziemlich" bedeutet. Doch offenbar nicht "ganz". Wie ich schon bemerkte, ist Wissenschaft aber kein Gegenstand einer Mehrheitsentscheidung.

Wie "rein" ist Wissenschaft?

Unter "Reinheit" soll hier verstanden werden, dass es kein anderes Interesse gibt als die Wahrheit bzw. das Erwerben von möglichst gesichertem Wissen. Wenn wir zunächst davon ausgehen, dass diese Reinheit oder zumindest das Streben nach dieser Reinheit vorhanden ist, ergibt sich dennoch die Frage, wie dieser Erwerb von gesichertem Wissen denn zustande kommen soll. Damit wären wir auf dem Gebiet der Wissenschaftstheorie. Ich bin nicht in der Lage, dieses Gebiet auch nur ansatzweise vorzustellen. Mir scheint aber, dass es zweierlei Richtungen gibt: einerseits die Richtung, die Wissenschaft gewissermaßen idealisiert - ob nun in einem Verifikationsmodell (der sogenannte "Wiener Kreis") oder einem Falsifikationsmodell (POPPER[33]). Bei letzterem wird eine Hypothese letztendlich durch ein einziges Gegenbeispiel widerlegt. Das ist ein Ideal, aber es ist nicht wirklich erreichbar – zumindest nicht in der Medizin.

Andere haben anerkannt, dass Wissenschaft von Menschen gemacht wird und dass daher auch andere Interessen vorhanden sind. Ludwig FLECK[34] und Thomas KUHN[35] haben diese gesellschaftlichen und persönlichen Faktoren in die Wissenschaftstheorie eingebracht, was letztendlich zu der Feststellung führen muss, dass Wissenschaft eben nicht "rein" ist[36].

---

[33] Karl POPPER: "Logik der Forschung. Zur Erkenntnistheorie der modernen Naturwissenschaft, Erstausgabe Wien 1935

[34] Ludwig FLECK: "Entstehung und Entwicklung einer wissenschaftlichen Tatsache.Einführung in die Lehre vom Denkstil und Denkkollektiv, Frankfurt am Main 1980

[35] Thomas S. KUHN: "Die Struktur wissenschaftlicher Revolutionen", deutsche Erstausgabe Frankfurt am Main 1967

[36] Auch in der Medizin können wir diese Reinheit nicht finden. Neben dem vordergründigen Interesse, den Patienten zu helfen, hat jeder Arzt auch noch andere Interessen. HAHNEMANNs Formulierung: *Des Arztes erster und einziger Beruf ist es, kranke Menschen gesund zu machen, was man Heilen nennt* (Samuel HAHNEMANN: "Organon der Heilkunst, 6. Auflage, §1) ist zwar sehr lobenswert, aber dennoch illusionär. Auch HAHNEMANN musste für seine Familie Geld verdie-

Manche – wie FEYERABEND[37] – gehen noch weiter und zweifeln die Festlegung dessen, was als Wissenschaft bezeichnet werden kann, auf bestimmte Methoden an. Weiter unten werde ich davon schreiben, dass im medizinischen Bereich die Festlegung auf Doppelblindstudien als einzige Methode, die zur Wahrheit führt, auch als falsch bzw. übertrieben bezeichnet werden kann.
Journalisten nehmen indes auf diese grundlegenden Fragen selten Rücksicht und scheinen "instinktiv" eine Mischung aus Verifikationen und Falsifikationen innerhalb der Wissenschaft zu vertreten, ohne sich der philosophischen Implikationen bewusst zu sein. Schade.

Zusammenfassung bis zu dieser Stelle.

> *Der Journalist ist ja endlich, obwohl es von vielen bezweifelt wird, auch ein Mensch.*
>
> Daniel SPITZER

Es gibt Lügen, Betrug und Irrtum im Journalismus. Das ist nichts Besonderes, denn das gibt es auch in anderen Bereichen (sogar in der Wissenschaft). Es gilt, den Bereich, der von Lügen, Betrug und Irrtum bestimmt ist, möglichst klein zu halten.
Die Bemühungen um Authentizität der Quellen ist dabei eine Seite, die unbedingt gewährleistet sein sollte.
Aber das reicht nicht. Trotz der Authentizität kann es Lügen und – wie ich meine, wichtiger – Irrtümer geben.
Sofern ein Journalist nicht über das berichtet, was er oder sie selbst gesehen hat (was man ohne Betrug zu unterstellen, bereits in Zweifel ziehen kann, weil niemand einen objektiven

---

nen. Auch heutige Ärzte und Ärztinnen müssen das. Manch einer wird auch an einem gesellschaftlichen Aufstieg interessiert sein, an der Zunahme seines Bekanntheitsgrades. Auch der Verfasser dieser Zeilen ist nicht frei davon.

37 Paul FEYERABEND: "Wider den Methodenzwang", Frankfurt am Main 1976

Blick hat), muss er oder sie sich auf andere Menschen berufen, die Sachen gesehen haben oder Sachen wissen oder behaupten, gesehen zu haben oder zu wissen (und auch das ist nicht objektiv).
Man kann hier keine absolute Zuverlässigkeit erwarten. Das ist klar. Irrtümer kann man verzeihen (Betrug nicht).
Der sogenannte "gesunde Menschenverstand" ist wahrscheinlich nicht immer zuverlässig (wenngleich er doch wahrscheinlich ein ziemlich wichtiges Überlebensinstrument ist).
Fast ebensowenig kann man Zuverlässigkeit erwarten, wenn "Experten" beteiligt sind bzw. wenn Aussagen, die als wissenschaftlich deklariert werden, zitiert werden. Zumeist wird es Aussagen geben, die ebenfalls als wissenschaftlich gelten können und anderes besagen.
Wenn das, was ich gerade als Anfang der Zusammenfassung geschrieben habe, stimmt, dann wäre das niederschmetternd.
Wie sollte eine arme Journalistin oder ein armer Journalist dann überhaupt noch ihre/seine Arbeit tun können, wenn es keine Sicherheit gibt?
Ich denke, der erste Schritt nach der Erkenntnis der Tatsache, dass es keine Sicherheit gibt, wäre ganz einfach, das zuzugeben und das Gefühl des Besitzes der Deutungshoheit aufzugeben. Damit wäre schon viel getan.

Den SPIEGEL-Slogan "Sagen, was ist" können wir getrost in die Tonne treten. Er beschreibt einfach eine Illusion und wendet sich damit gegen das eigentliche Ziel.

Wie kann man aber nach dieser Einsicht mit der Arbeit des Journalisten weitermachen?
Ich denke, dass das eigentlich ganz einfach ist, indem man im Dialog bleibt, indem man als Journalist zum Anwalt wird für alle Auffassungen *die ein Bruchteil der Wahrheit enthalten*[38].

---

[38] Da sind wir wieder in dem Zirkel, dass, wenn wir nur die Auffassungen, *die ein Bruchteil der Wahrheit enthalten*, zu Wort kommen lassen wollen und auch dafür sorgen wollen, dass sie gehört werden

Das findet zur Zeit in den großen und als seriös geltenden Medien viel zu wenig statt. Dadurch wird aus dem *Sagen, was ist* etwas anderes:

Postulieren, was ist.

Scheinbar kann damit der Anspruch auf Wahrheit erfüllt werden, aber eben nur scheinbar.
Wir sind bei Humpty Dumpty. Argumente sind nicht nur wegen ihres sachlichen Bezuges mächtig, sondern auch durch die aus anderen Quellen rührende Macht desjenigen, der sie ausspricht[39].
Geeigneter und vor allem wahrer wäre ein Bekenntnis wie

Si enim fallor sum[40].

---

können, wissen müssten, was die Wahrheit ist. Die Grenzlinie zwischen diskussionswürdigen Beiträgen und schlichtem Unsinn bleibt unklar.

[39] Man kann sich natürlich fragen, woher denn jene Macht stammt, die mit dem Inhalt des Arguments nichts zu tun hat. Ich denke, sie kann durchaus daher stammen, dass irgendwann einmal inhaltlich schlagkräftige Argumente sich gegen Macht-Argumente durchsetzen konnten. Der Spiegel weiß in seiner Geschichte durchaus davon zu reden. Schlimm ist, dass man, wenn man sich mit den inhaltlichen Argumenten gegen die Machtargumente durchgesetzt hat, dadurch fast automatisch die andere Art der Macht bekommt. Wir könnten diese Macht auch als Deutungshoheit bezeichnen. Sie entstammt direkt dem Ministerium für Wahrheit.

[40] Den Satz von AUGUSTINUS übersetze ich für mich mit "Indem ich mich irren kann, bin ich". Wenn ich mich nicht irren könnte, würde ich diese Zeilen nicht schreiben, denn dann könnten sich die anderen auch nicht irren. Niemand wäre er selbst (und niemand bräuchte irgendein Medium, um seine Meinung zu bilden, die Meinung wäre ihm sozusagen angeboren und mit der aller anderen identisch – also nicht existent).
Wenn ich mich irren kann, können sich aber auch die Medienvertreter, die Wissenschaftler und jene, die sich auf Erfahrung berufen, irren. Unterm Strich meine ich, dass die Welt so besser ist. Spannender ist sie auf alle Fälle.
In jener grauenhaften Welt, in der wir uns nicht irren könnten, würden wir alle nur noch in der Sonne sitzen wie die Eloi und warten, dass uns die Morlocks holen. (H.G. WELLS: "Die Zeitmaschine)

B) Drei Beispiele

Ich möchte drei Beispiele geben.

Das erste ist der Klimawandel. Davon verstehe ich wohl durchschnittlich viel.

Das zweite ist das Thema der Impfungen. Davon verstehe ich etwas mehr. Ich war immerhin einmal Facharzt für Immunologie.

Vom dritten Thema verstehe ich ziemlich viel. Es ist das Thema der Homöopathie. Man könnte auch sagen, dass ich da Experte sei.

Bevor ich auf diese einzelnen Themenkreise eingehen werde (wobei der dritte, weil ich davon am meisten verstehe, den größten Raum einnehmen wird), möchte ich zu diesen drei Themen meine Überzeugung hinschreiben.
Dabei muss ich mich gleich wieder fragen, auf welchen Gründen diese Überzeugung beruht. Auf Vernunft-Gründen? Ist dann der andere, der eine andere Überzeugung vertritt, weniger vernünftig als ich? Wo ist der meta-vernünftige Richter? Wenn es ihn gäbe, würde ich mich sofort seinem Urteilsspruch beugen. Aber ich kenne seine Adresse nicht. Und ich bin auch nicht geladen. Also bin ich (sind wir) mir der Vernunft allein.

1) Ich bin davon überzeugt, dass es einen Klimawandel gibt, dass der von uns Menschen verursachte Kohlendioxid-Ausstoß einen wesentlichen ursächlichen Anteil daran hat und dass wir eine Menge dafür tun sollten, den Kohlendioxid-Ausstoß zu verringern. Sehr viel mehr als gegenwärtig, wenn der Klimawandel nicht zur Katastrophe werden soll.

2) Ich bin davon überzeugt dass Impfungen geeignet sind, bestimmte Infektionskrankheiten zu verhindern, wenn nicht

(wie bei den Pocken) sogar auszurotten. Ich bin auch davon überzeugt, dass die Vorteile der Impfung die Nachteile weit überwiegen.

3) Ich bin davon überzeugt, dass Homöopathie wirkt – in vollkommener Unkenntnis davon, was es denn ist, das da wirkt.

Das sind erst einmal nur Bekenntnisse und als solche nur bedingt von Wert. Man muss sich das alles näher ansehen. Vor allem möchte ich in diesem Rahmen beispielhaft vorstellen, wie sich einige führende Medien zu diesen Fragen positionieren.

1) Beispiel: Klima

Ich stelle mir natürlich die Frage, wie sich denn meine Überzeugung, wir Menschen hätten einen wesentlichen Anteil am Klimawandel, eigentlich begründet.
Da könnte man zunächst die eigene Erfahrung ins Spiel bringen. Ich könnte etwa sagen, dass es hier auf Teneriffa in den letzten Jahren kaum Stürme gab und dass die Winter kälter geworden sind. Im vergangenen Jahr war gar der Sommer ziemlich nass und kalt. Allerdings liegt in diesem März 2019 das erste Mal auf dem Teide kein Schnee – seit immerhin 15 Jahren.

Anfang März 2018

Anfang März 2019

Eine solche begrenzte Erfahrung tendiert natürlich dazu, zu trügen. Ich kann also meine Überzeugung nur an den Aussagen der Leute festmachen, die mehr wissen als ich. Ich muss ihnen dabei vertrauen.
Kohlendioxid ist ein Treibhausgas. Das kann man experimentell nachweisen. Bis hierher trägt das Vertrauen auf jeden Fall. Die Statistiken, die besagen, dass es gegenwärtig zu einer Erderwärmung kommt, sind schon problematischer. Aber ich gehe davon aus, dass man ihnen dennoch trauen kann (selbst wenn es meiner Erfahrung teilweise widerspricht).
Die Frage, welchen quantitativen Einfluss das CO2 hat, ist hingegen sehr viel schwerer zu beantworten, denn es gibt natürlich auch noch andere Einflüsse. Hier werden mathematische Modelle angewandt, von denen ich rein gar nichts verstehe. Ich kann daher nur denen vertrauen, die jene Modelle entwickelt haben. Das macht mir manchmal Kopfschmerzen. Menschen können sich irren (und Menschen können sogar lügen und betrügen). In meinen Augen ist es auch nicht hilfreich, dass die überwiegende Mehrzahl der Fachwissenschaftler sagen, dass hauptsächlich das von uns produzierte Kohlendioxid für den Klimawandel verantwortlich ist. Es gibt immerhin auch ein paar Wissenschaftler, die das nicht so sehen. Und wie ich oben schon erwähnte, entstehen wissenschaftliche Ergebnisse nicht durch Mehrheitsentscheid. Die Aussage, die Mehrheit der Wissenschaftler sei der Meinung, dass... bewegt sich demnach nicht mehr auf wissenschaftlichem Boden.
Was wäre, wenn jene wenigen Wissenschaftler, die nicht die Kohlendioxidproduktion in das Zentrum der Erderwärmung stellen, Recht hätten oder wenn sie wenigstens über *ein Bruchteil der Wahrhe*it verfügten? Dann würde womöglich die offene Diskussion zu einer weiteren Annäherung an die Wahrheit führen.
Wenn wir einmal davon ausgehen, dass eine solche offene Diskussion in den Reihen der Wissenschaftler stattfindet (was nicht immer der Fall ist), reicht das noch längst nicht, wenn,

wie es geschieht, sich die führenden journalistischen Medien mit der wissenschaftlichen Mehrheitsauffassung identifizieren und abweichende Meinungen nicht gelten lassen.
Ich kann mich jedenfalls nicht erinnern, dass jemals jene Gegenmeinung in den führenden Medien argumentativ dargestellt wurde und die "Klimagegner" bzw. "Klimaleugner" nicht als Vollpfosten dargestellt worden wären. Das geht so weit, dass es bereits vereinzelte Stimmen gibt, die fordern, dass die Leugnung des Klimawandels wie die "Holocaust"-Leugnung unter Strafe gestellt werden sollte (wobei man natürlich mindestens beachten sollte, dass Leugnung etwas anderes ist als Irrtum).

Ein Beispiel des journalistischen (und auch wissenschaftlichen) Umganges mit diesem Thema sei genannt:

In der Online-Ausgabe der "Zeit" erschien im Juli 2017 ein Artikel mit dem Titel: "Ja, das ist der Klimawandel"[41]. Es ging um die starken Regenfälle jener Zeit in Deutschland.
Dem Artikel ist ein Diagramm beigegeben, aus dem hervorgeht, dass es seit 1960 keine messbare Zunahme solcher starken Regenfälle gegeben hat. Dennoch sollen diese starken Regenfälle ein Zeichen des Klimawandels sein. Das wird auch von dem interviewten Wissenschaftler BECKER so gesagt.
An dieser Stelle muss man bemerken, dass solche Äußerungen sowohl in wissenschaftlicher wie in journalistischer Hinsicht unseriös sind. Der Wissenschaftler mag verblendet sein. So etwas kommt trotz des Objektivitätsvorhabens gelegentlich (manchmal, häufig?) vor. Die Journalisten hätten aber immerhin auch bemerken können, dass es für die Behauptung des Wissenschaftlers in den vorgestellten Diagrammen keine belastbaren Anhaltspunkte gibt – außer seiner Hypothese,

[41]Nick REIMER und Dagny LÜDEMANN:
https://www.zeit.de/wissen/umwelt/2017-07/starkregen-dauerregen-wetter-klimawandel-regen-meteorologie

dass die Tatsache der Starkregenfälle ihre Begründung im Klimawandel haben kann.
In dem Artikel fällt dann der Satz:

The absence of evidence is not the evidence of absence.

Das ist ein Satz, dem ich unbedingt zustimmen möchte. Allerdings sollte man aus der Abwesenheit von Evidenz, dass der Mond nicht aus grünem Käse besteht, nicht schlußfolgern, dass er aus grünem Käse besteht.

Als Leser dieses Artikels komme ich in die Bredouille: Entweder ich glaube den Schreibern unbesehen, obwohl sie keine Belege für ihre These vorbringen können (Beweise würde ich nicht einmal fordern) oder ich habe einen Grund mehr, mich auf die Seite der "Klimaleugner" zu schlagen, weil ich Betrug vermute.
In beiden Fällen handelt es sich aber um eine Glaubensentscheidung.

Ein anderer Artikel zum Klimawandel erschien am 28. Februar 2019 in der "Welt online". Er ist von Sarah Maria BRECH und trägt den Titel *Die verführerischen Argumente der Klimawandelleugner*.
Hier findet sich eingangs eine interessante Formulierung: *Die Wissenschaft ist sich einig: Klimawandel ist ein Fakt.* Ok, dass es einen Klimawandel gibt, glaube ich auch. Aber was bedeutet eigentlich die Formulierung *Die Wissenschaft ist sich einig...*? Kann sich die Wissenschaft einig sein? Ich denke, die Wissenschaft kann sich genausowenig einig sein wie die Philosophie oder die Tischlerei.
Wissenschaftler können sich einig sein (manchmal), Philosophen können sich einig sein (sehr selten), Tischler können sich einig sein (wesentlich häufiger)[42]. Man könnte bei der eindeu-

[42] An dieser Stelle verzichte ich darauf, den Grad der Einigkeit von Psychiatern und Homöopathen einzuschätzen.

tig falschen Formulierung von der Einigkeit der Wissenschaft an eine harmlose semantische Fehlleistung denken, ich vermute jedoch, dass hinter ihr eine grundsätzliche Haltung steht, die aus einer womöglich nicht ganz richtigen Objektivitätszuschreibung an "die Wissenschaft"[43] besteht und mit der eindeutig falschen Gleichsetzung von Wissenschaft und Wahrheit zu tun hat[44].
Interessanterweise wird im Verlaufe des Artikels weiter gesagt, dass sich 97 % der Wissenschaftler über die Existenz des Klimawandels einig sind. Das ist zwar eine überwältigende Mehrheit, aber es ist auch nicht die Einigkeit der (also aller) Wissenschaftler. Und es ist schon gar nicht die Einigkeit der Wissenschaft.

Auch dieser Artikel trägt wohl dazu bei, meine Glaubensentscheidung in eine bestimmte Richtung zu lenken, nicht jedoch dazu, sie besser zu begründen.
Zudem wird die "Klimawandelleugnung" zu "rechtspopulistischen" Parteien in Beziehung gesetzt und die Leugnung fast mit der Skepsis gleichgesetzt. Mir scheint, dass hier suggeriert wird, dass, wer die Klimawandel-Hypothese skeptisch sieht, als Rechtspopulist anzusehen sei. Das ist wiederum ein logischer Fehlschluss in der Art von:

Prämisse 1: Bobby Fischer war Antisemit.
Prämisse 2: Antisemitismus ist böse.
Prämisse 3: Bobby Fischer war Schachspieler.
Konklusion: Schach ist böse.

---

43 Die Objektivitätszuschreibung an Wissenschaftler ist ganz sicher nicht richtig, da Wissenschaftler in der Regel Menschen und als solche Subjekte sind. Wissenschaft ist ein von Menschen betriebenes Unternehmen, weshalb auch in Zweifel gezogen werden kann, dass Wissenschaft objektiv ist.

44 Richtige Wissenschaftler wissen um diesen Unterschied. Nicht umsonst steht am Ende nahezu jeden Papers die "salvatorische Erklärung", dass weitere Untersuchungen nötig seien. Nicht alle Journalisten kennen diesen Unterschied.

Alle drei Prämissen sind richtig. Die Konklusion ist absurd. So zu argumentieren, ist absurd.
Warum kommen nicht die Vertreter beider (oder mehrerer) Meinungen über die Klimafrage zu Wort? Haben wir in der "Qualitätspresse" jemals einen Artikel gelesen, in dem Skeptiker (ich meine damit Skeptiker, nicht Leugner!) der aktuellen Klimawandeltheorien zu Wort kommen? Gefühlt war das in den letzten Jahren nicht der Fall.
Aber auch wenn es anders wäre: Auf Grund welcher Kriterien soll ich welchem Vertreter einer Meinung glauben, zumal wenn diese auch noch "wissenschaftlich begründet" ist?
Ich bin nicht der Richter, ich bin nur ein kleines Licht, das angewiesen ist auf diejenigen, die besser Bescheid wissen als ich (oder das behaupten). Aber wie soll ich entscheiden, wer das ist?

Aber Ihr Journalisten seid die Richter?
Ihr sagt uns, was richtig ist?

Ich habe ein wenig Angst vor Euch, die Ihr behauptet, zu sagen, was ist.

2) Beispiel: Impfungen

Ich halte Impfungen generell für sinnvoll, auch wenn man über einige Dinge diskutieren könnte. Und eben diese Diskussion findet öffentlich kaum statt. Ich glaube auch nicht, dass Impfungen Autismus auslösen, wie von manchen Impfgegnern behauptet wird.

Ich halte es jedoch für problematisch, wenn Leute, die sich nicht impfen lassen wollen, z.B. als "asoziale Trittbrettfahrer" bezeichnet werden (HIRSCHHAUSEN und ANDRIUKAITIS 2018 in der "Welt online"[45]). Eine solche Polarisierung verunmöglicht eine vernünftige Diskussion.

Man kann natürlich darüber reden, ob der Einzelne immer gezwungen werden kann und sollte, seinen Beitrag zum Gemeinwohl zu leisten (insbesondere, wenn für ihn ein gewisses, wenn auch geringes Risiko damit verbunden ist). Man muss dieses utilitaristische Argument nicht unterstützen[46].

Bei der Impfung gibt es in der sogenannten Qualitätspresse mittlerweile auch den einen oder anderen Beitrag, in dem trotz der grundsätzlichen Haltung pro Impfung auch die eine oder andere Kritik auftaucht.

Beispielsweise berichtet Nina WEBER im SPIEGEL online über unspezifische Wirkungen von Impfungen, die für den Geimpften positiv, aber auch negativ sein können[47].

---

[45] https://www.welt.de/debatte/kommentare/article175833877/Eckart-von-Hirschhausen-Wer-sich-nicht-impfen-laesst-ist-ein-asozialer-Trittbrettfahrer.html

[46] Man kann z.B. auch die kritischen Argumente KANTs zur Impfung übernehmen. Das ist nicht verboten. Für KANT sind die Todesfälle durch die Krankheit und die Todesfälle durch die Impfung unterschiedlich zu bewerten. (Er spricht hierbei von der frühen Pockenimpfung, die natürlich sehr viel gefährlicher war als heutige Impfungen.)

[47] http://www.spiegel.de/gesundheit/diagnose/eingeimpft-peter-aaby-was-sind-unspezifische-effekte-von-impfungen-a-1225184.html

Wir wissen, dass es solche unspezifische Wirkungen gibt. Sie sind allerdings noch recht wenig erforscht. Sie können vom Adjuvans (jenem Stoff, der die spezifische Immunreaktion unspezifisch verstärken kann) ausgehen, aber möglicherweise auch von der spezifischen

Schlimmer ist jedoch, dass wahrscheinlich die Abbildung der Studien in den Informationsmaterialien, die der Öffentlichkeit staatlicherseits zur Verfügung gestellt werden, nicht korrekt ist und dass hierbei die Nebenwirkungen und Komplikationen von Impfungen womöglich systematisch untertrieben werden. Auch hier ist kürzlich in der Presse ein entsprechender Artikel erschienen, was lobenswert ist[48].

Ich möchte noch auf einen anderen Online-Artikel eingehen, der am 3.3.2019 bei SPIEGEL online erschienen ist. Er stammt von Christian STÖCKER (beruflich Kognitionspsychologe und Kolumnist) und trägt den Titel "Tödliche Dummheit". Herr Professor STÖCKER beklagt hier, dass die Suche nach "Impfungen sind" bei Google zu für ihn inakzeptablen Ergebnissen führt. Da stehen bei der Autovervollständigungs-Funktion von Google an erster Stelle "...gefährlich" und "... Gift. Wenn man auf "...Gift" klickt, kommt – ich habe es nachvollzogen – an erster Stelle eine Seite, die mir selbst als recht problematisch erscheint (um es vorsichtig auszudrücken). Das, was dort steht, würde ich selbst auch zum größten Teil als Blödsinn ansehen.

ABER:

Erstens: Nun ja, wenn ich letzten Endes "Impfungen sind Gift" bei Google eingebe, bekomme ich, was ich erwarte. Ich habe es einmal mit "Ufo-Abduktion" versucht und da kamen auch tatsächlich entsprechende Seiten. Gibt man statt "Impfungen sind Gift" nur "Impfungen sind" ein, bekommt man vorwiegend Seiten angeboten, die sich <u>für</u> Impfungen aussprechen. So ist das nun einmal bei Google (von Facebook verstehe ich nichts, da ich es nicht benutze.).

Komponente des Impfstoffs. Das wurde zum Beispiel beim BCG-Impfstoff nachgewiesen.

48 https://www.welt.de/gesundheit/plus186773954/Natuerlich-wird-bei-Impf-Informationen-manipuliert.html

Die Bemängelung von Herrn STÖCKER scheint mir irgendwie der Forderung nach einer Beschränkung der freien Meinungsäußerung nahe zu kommen.
Es gäbe vernünftigere Aktionen:
Man könnte etwa die auf der Seite[49], die Google für Herrn STÖCKER und für mich als erste anbot, gegebenen "Informationen" ansehen, diskutieren und womöglich in Stücke zerreißen (was nach meinem Gefühl sinnvoll wäre).
Ich möchte nur ein Beispiel nennen: Da gibt es zwei Grafiken, die deutlich machen, dass bestimmte Krankheiten im Laufe der Jahre seltener geworden sind und die suggerieren, dass das nichts mit der Impfung gegen diese Krankheiten zu tun hat. Daraus ergeben sich einige Fragen: Sind diese Grafiken echt oder handelt es sich um freie Erfindungen? Und wenn sie echt sind, wie kann man sie erklären[50]? DAS wäre einer journalistischen Recherche würdig, nicht nur diese pauschale Auskunft "DIE WISSENSCHAFT sagt... und bei allen anderen, die anderer Meinung sind, handelt es sich um Vollpfosten".

Insgesamt überwiegt beim Thema der Impfung die positive Berichterstattung bei weitem, was leider auch bis zur Diffamierung von Kritikern führt. Sofern – und das ist nicht auf dieses Thema begrenzt – die Presse sich nahezu vollständig auf eine Seite schlägt und dadurch eine öffentliche Diskussion unmöglich macht, ist es sehr wahrscheinlich, dass diejenigen, die nicht öffentlich gehört werden, um so militanter werden.
Es ist daher auch für diejenigen, die für eine Seite einstehen, dumm, auf dem Wege der Machtausübung die Äußerungsmöglichkeiten der anderen Seite einzuschränken. Es ist wahrscheinlich, dass jene andere Seite paradoxerweise dadurch gestärkt wird.

---

[49] Ich bin nicht sicher, aber ich vermute, es handelt sich um https://www.impfen-nein-danke.de/wussten-sie-das/

[50] Es gibt durchaus theoretische Erklärungen, warum bestimmte Infektionskrankheiten unabhängig von der Impfung abgenommen haben könnten. Ob die Theorie stimmt, steht aber auf einem anderen Blatt.

Wenn es beim Thema der Impfung den einen oder anderen kritischen Artikel gibt, so besteht auf einem Gebiet große Einigkeit in der sogenannten Qualitätspresse:

3) Beispiel: Homöopathie

Davon verstehe ich ziemlich viel und daher soll dieses Beispiel auch den größten Raum einnehmen. Die Art und Weise, wie die führenden Medien mit diesem Thema umgehen, ist aber auch auf anderen Feldern zu beobachten. Vieles von dem, was ich hier schreibe, ist auf andere Themen übertragbar. Wie schon gesagt: Es handelt sich um ein Beispiel.
Wenn ich sehe, wie einseitig und verzerrt dieses Thema, von dem ich viel verstehe, in den als seriös geltenden Medien dargestellt wird und wenn ich diese Art der Darstellung auch für Bereiche annehme, von denen ich wenig oder nichts verstehe bzw. in denen ich mein "Wissen" vor allem von eben jenen Medien habe, dann gruselt es mich.

Ich will versuchen, die häufigsten Argumente gegen die Homöopathie (nicht alles sind wirklich Argumente, sondern eher Pseudo-Argumente) vorzustellen und zu kommentieren. Ich bitte den Leser um Entschuldigung, dass ich für die einzelnen hier aufgezählten Argumente ("Argumente") gegen Homöopathie größtenteils keine Quellen nenne. Allein für das erste Argument wäre das eine kaum zu bewältigende Aufgabe, weil es nahezu unendlich wiederholt worden ist und weiter wiederholt wird. Alle diese Argumente oder Pseudoargumente sind aber Teil der journalistischen Praxis. Außerdem beschränke ich mich weitgehend auf das, was ich in Online- oder Print-Ausgaben von "Qualitätsmedien" wie FAZ, Süddeutsche, SPIEGEL, Welt und Zeit gefunden habe.

a) Es ist nichts drin.

Das ist das schlagendste Argument gegen Homöopathie, es ist ein echtes Argument und es muss unbedingt ernst genommen werden.
Die Basis des Arguments ist, dass in einem Mol eines jeden Stoffes 6,02 x 10^{23} Moleküle enthalten sind. Wieviel ein Mol

ist, hängt von dem Atom- bzw. Molekulargewicht des Stoffes ab. So wiegt ein Mol atomarer Wasserstoff ca. 1 Gramm, ein Mol Natriumchlorid etwa 48 Gramm, ein Mol der Komplementkomponente C1q (ein körpereigenes Protein) ca. 400 kg. Indem in der Homöopathie eine Folge von Verdünnungsprozessen vorgenommen wird, im Verhältnis von 1:10 oder 1:100 oder 1:50.000 pro Schritt, wird irgendwann der Punkt erreicht, an dem die statistische Wahrscheinlichkeit, dass sich noch ein einziges Molekül des Ausgangsstoffes in der jeweiligen Probe befindet, gegen Null geht. Wann das der Fall ist, hängt natürlich von der Ausgangskonzentration, der eingesetzten Gesamtmenge und dem Molekulargewicht ab. Zudem sind viele der eingesetzten Ausgangsmaterialien Stoffgemische, so dass die Verdünnung, bei der jene Avogadro-Grenze überschritten wird, nicht klar festzulegen ist.

So unterschiedlich jene Grenze auch sein mag, ist doch davon auszugehen, dass spätestens bei einer Verdünnung von D30 ($1:10^{30}$) kein Molekül oder Atom des Ausgangsstoffes mehr in der Einzeldosis eines homöopathischen Arzneimittels enthalten ist.

Hiergegen kann man von der Seite der Homöopathie keinen Einwand geltend machen. Dem ist so (falls wir uns nicht, was ziemlich unwahrscheinlich ist, über die Beschaffenheit der Moleküle und der Welt überhaupt fundamental irren).

So ist das einigermaßen korrekt dargestellt. Aber das würde niemand lesen oder anschauen, es ist also journalistisch kaum zu verwerten. Also sah man letztens im ZDF den Macher eines Films am Strand, wie er, um irgend einen Verdünnungsgrad zu demonstrieren, einen Tropfen eines Stoffes dem Ozean überantwortete, auf dass der Ozean eine Verdünnung (ich weiß nicht welche) eben dieses Stoffes werde.

Nach dem oben Gesagten mögen die genauen Verdünnungsverhältnisse bei dieser Demonstration nicht unbedingt stimmen, aber das Prinzip ist schon richtig.

Damit haben wir als Homöopathen ein Problem. Dieses Problem hat zwei Seiten: Die innere Seite ist, dass wir damit ir-

gendwie klar kommen müssen, was schon ziemlich schwierig ist. Die andere Seite ist, dass wir mit dieser Argumentation als Volltrottel hingestellt werden, als Leute, die von elementaren naturwissenschaftlichen Gesetzmäßigkeiten nicht die geringste Ahnung haben. Also doof[51].
Die Wahrheit ist natürlich, dass wir von diesen Dingen wissen, aber leider keine tragfähige Erklärung haben

Die Argumentation der Homöopathen:

"Jetzt war die ganze Zeit von Verdünnung die Rede, wir sprechen aber nicht von Verdünnung, sondern von Potenzierung."

Die darauf folgende Argumentation der Kritiker:

"Ok, also Potenzierung. Aber ihr Homöopathen müsst doch anerkennen, dass mit der Potenzierung, wie Ihr es nennt, auch eine Verdünnung einhergeht!"

Kommentar: Vollkommen richtig! Es ist eine Verdünnung. Was da außerdem noch passieren mag, ist eine andere Frage.

An dieser Stelle sind wir Homöopathen eigentlich argumentativ völlig erledigt. Wenn nichts mehr drin ist, kann auch nichts wirken. Ende der Diskussion. Feyerabend[52]. Wenn man dann als Zuschauer im Fernsehen den Moderator mit der Pipette am Ozean sieht... alles klar: Homöopathen sind Spinner.

---

[51] Es ist jedoch auch anzumerken, dass Frau Dr. Natalie GRAMS, eine der prominentesten Homöopathie-Kritikerinnen, das Chemie-Abitur als Beste in Bayern abgeschlossen hat, dennoch danach Homöopathin wurde und erst nach einer ganzen Zeit bemerkte, dass das mit der Homöopathie so doch nicht stimmen kann. Man betrachte diese Fußnote nur als einen kleinen Seitenhieb von geringer Wichtigkeit!
[52] Vielleicht noch ein kleines Feyerabendbierchen der Kontrahenten. Nach dem dritten gibt der Kritiker zu, dass die Homöopathie doch seiner Tante erstaunlicher- und unerklärlicherweise geholfen habe. Das war aber sicher nur der Placebo-Effekt (siehe unten).

Aber ich möchte von dieser offenkundigen Totalzerstörung der Homöopathie einmal einen Schritt zurücktreten und fragen, ob es eine Voraussetzung der Argumentation gibt, die nicht erwähnt ist, aber dennoch intrinsisch vorhanden ist. Da fallen mir mehrere Annahmen ein, die nicht unbedingt alle bewiesen und vollständig sind:

- Die Welt besteht aus abgrenzbaren stofflichen Einheiten (Atome, Moleküle).
- Der Mensch besteht ebenfalls aus diesen abgrenzbaren stofflichen Einheiten.
- Diese stofflichen Einheiten stehen miteinander in Wechselwirkung und verändern sich dabei.
- Was diese stofflichen Einheiten da so miteinander treiben, ist wissenschaftlich erforschbar.
- Sonst gibt es nichts (ok, Sonne zur Vitamin-D-Bildung, Schwerkraft, damit die Muskeln nicht atrophieren, einen warmen Ofen, damit wir nicht erfrieren und ein paar andere Kleinigkeiten).

Ich will das hier gar nicht angreifen, sondern erstens bemerken, dass die Theorie, dass eine stoffliche Basis zur Wirkung da sein muss, nicht voraussetzungslos ist, wohl aber eine Übereinkunft darstellt, die von den Medienvertretern fleißig unterstützt wird (vielleicht sogar unbewusst).
Zweitens kann man die Frage stellen, ob diese intrinsischen Voraussetzungen der Homöopathie-Kritiker bindend sind (bzw. warum sie bindend sein sollen). Beantworten kann ich diese Frage allerdings nicht.

Weitere Argumentation der Homöopathen zum "Nichts-drin"-Thema:
Die vernünftigste Aussage an dieser Stelle wäre "Ich habe nicht die geringste Ahnung, wie das funktionieren kann". Ich vertrete sie selbst. Leider stellt diese Aussage nun wirklich kein Argument zu Gunsten der Homöopathie dar.

Streng genommen stellt sie aber auch kein Argument gegen die Homöopathie dar, weil die Fragen, ob etwas funktioniert und die Frage, wie es funktioniert, voneinander getrennt werden müssen (siehe das Beispiel der Kugelblitze). Selbstverständlich würde es aber die Homöopathie stützen, wenn wir sagen könnten, wie sie funktioniert.

Homöopathen können der Frage nicht ausweichen, dass ab einer gewissen Potenz "nichts drin" ist in den Kügelchen und auch nicht in der Dilution. Schon zu HAHNEMANNs Zeit wurde das wahrscheinlich – und HAHNEMANN war wissenschaftlich auf der Höhe seiner Zeit. Schon HAHNEMANN spricht daher von einer *geistartigen* Wirkung (womit wahrscheinlich nichts weiter gemeint ist, als dass es keine stoffliche Wirkung ist oder sein kann).
Um dieses "Nichts-drin-Faktum" kommen wir auch heute nicht herum, sofern wir der Theorie zustimmen, dass Materie aus Atomen und Molekülen aufgebaut ist und dass die Anzahl dieser Atome und Moleküle begrenzt und bestimmbar ist.
Unsere Lieblingshypothese ist, dass trotz des Verdünnungseffektes doch noch "etwas" von den Atomen und Molekülen bleibt – wenn schon nicht die Atome und Moleküle selbst, so doch etwas von ihnen[53].
Wir wissen etwa aus der Immunologie, dass Stoffe, die in großen Teilen vollkommen unterschiedliche Struktur haben, doch gleiche physiologische Effekte auslösen können[54]. Man könnte auch sagen, dass sie die gleiche Information enthalten. Allerdings sind solche "mimetischen" Antikörper hochkomplexe Proteinmoleküle und es ist nicht vorstellbar, wie sie in einem bloßen Verdünnungsprozess entstehen könnten.
Es bleibt letztendlich nur ein Kandidat für eine solche Mimesis: das Lösungsmittel, in dem verdünnt wird. Das ist entweder Wasser, Wasser-Alkohol-Gemisch oder Zucker.

---

53 Was dieses "Etwas" ist, bleibt aber ziemlich unklar.
54 So kann ein Antikörper gegen einen bestimmten Rezeptor entweder die Wirkung des eigentlichen Liganden blockieren oder sie imitieren.

Tatsächlich ist vorstellbar, dass Wasser als polares Molekül mit der Fähigkeit zur Bildung von Molekülaggregaten strukturelle Informationen anderer Moleküle speichern könnte – nicht alle, aber doch diejenigen, die auf der Oberfläche des Moleküls vorhanden sind (das sind auch oft diejenigen Strukturen, über die die physiologische Wirkung zustande kommt). Leider sind jene Wasser-Cluster offenbar nicht stabil genug dafür, dass sie Struktur-Informationen über längere Zeit speichern könnten – jedenfalls so weit wir wissen.
Aber bekanntlich wissen wir nicht alles. Dennoch sollte man als Homöopath, wenn man behauptet, es handele sich bei den homöopathischen Globuli um eine Art Informationsspeicher, irgendwie und wenigstens hypothetisch sagen können, wie denn diese Informationsspeicherung vor sich geht.
Zwar ist es richtig, dass sich SHAKESPEARES Sonette materiell nicht unterscheiden von einem Buch mit der gleichen Seitenanzahl, in dem die gleichen Buchstaben in willkürlicher Reihenfolge stehen, aber hier können wir die Codierung nachvollziehen, ja, wir haben sie erfunden. Das Gleiche gilt für die Festplatte, auf der die gesamte Wikipedia gespeichert ist und die sich dennoch materiell nicht von einer gelöschten Festplatte unterscheidet.

Bitte, Homöopathen, beantwortet endlich die Frage, wie denn die Information in die Kügelchen (oder die Dilution) kommt und wie wieder raus und an den Wirkort. Bis dahin haltet einfach die Klappe oder hört auf, von diesen Informationsgeschichten zu erzählen.

Aber wiederum dennoch: Einfach nur zu sagen, dass Homöopathie nicht wirken kann, weil in den Kügelchen nichts drin ist, ist zwar auf den ersten Blick ein rationales Argument, was aber nicht unbedingt bedeutet, dass es unmöglich ist - und wenn ich noch so viele Journalisten mit einer Pipette in der Hand vor dem Ozean sehe.

b) Es gibt keine Lebenskraft.

Daran erkenn' ich den gelehrten Herrn!
Was ihr nicht tastet, steht euch meilenfern,
Was ihr nicht faßt, das fehlt euch ganz und gar,
Was ihr nicht rechnet, glaubt ihr, sei nicht wahr,
Was ihr nicht wägt, hat für euch kein Gewicht,
Was ihr nicht münzt, das, meint ihr, gelte nicht.
Faust, 4917ff

Dieses Argument wird von Journalisten selten gebraucht. Es ist immer problematisch, zu behaupten, es gebe[55] etwas nicht. Das Beispiel der schwarzen Schwäne reicht hierfür aus. Die Behauptung, es gebe keine schwarzen Schwäne, bleibt so lange eine bestätigte Hypothese, bis jemand einen schwarzen Schwan auf den Tisch stellt[56]. Aber eben nicht mehr als eine Hypothese.

Nun ist aber das Konzept der Lebenskraft ein wenig grundlegender als die Frage nach der Existenz von schwarzen Schwänen. Die Entdeckung der schwarzen Schwäne hat keine wissenschaftliche Revolution ausgelöst. Der Nachweis einer speziellen (und messbaren) Lebenskraft würde das tun.

Worum geht es? Es geht zunächst um die Frage, ob sich Leben qualitativ von Nichtleben unterscheidet (sei es nun der Stein in meinem Garten oder der Gartenzwerg aus Ton in demselben oder sei es mein Leichnam). Diese Unterscheidung kann intuitiv jedes Kind beantworten: Ja, es gibt sehr wohl einen sehr bedeutenden qualitativen Unterschied. Jeder kann eine tote Maus von einer lebenden unterscheiden – und einen toten Menschen von einem lebenden.

---

[55] In die philosophische Diskussion, was es eigentlich bedeutet, wenn ich sage "Es gibt ... (nicht)" möchte ich mich nicht wagen.

[56] Das nimmt Bezug auf das Buch von Nassim Nicholas TALEB: "Der Schwarze Schwan...", München 2008.

Nicht jeder Erwachsene bejaht das. Wir haben nämlich die Chemie. Wir können viele Körperprozesse als chemische Reaktionen beschreiben. So unglaublich viel ist davon entschlüsselt worden. Wir wissen, wie Bewegung chemisch funktionert, wir wissen, wie das Immunsystem chemisch[57] funktioniert und wir sind geneigt zu extrapolieren, dass das, was noch keine Erklärung hat, ebenso erklärt werden kann und in der Zukunft auch wird. Die Biochemie hat das Geheimnis des Lebens entschlüsselt. Das glauben viele und ich kann sie gut verstehen. Ich gehörte zu ihnen und gehöre teilweise immer noch zu ihnen, denn sie haben Recht. Ich bin aber auch überzeugt, dass dieses Rechthaben nur in einem begrenzten Sinne gilt.

Die alternative Auffassung ist, dass es etwas gibt, das Leben gegenüber Nichtleben auszeichnet. Man kann das, wie HAHNEMANN, als Lebenskraft bezeichnen. Im Rahmen unseres physikalisch geprägten Begriffes von Kraft ist der Begriff "Lebenskraft" natürlich problematisch. Wenn wir andererseits von den vier physikalischen Grundkräften ausgehen, so erscheint mir die Erklärung des Lebens aus diesen doch ein wenig problematisch – auch wenn natürlich Lebewesen ebenso diesen vier Grundkräften "gehorchen" müssen wie alles in der Welt. Auch ein Lemming fällt nach unten, wenn er von der Klippe springt (Grundkraft: Gravitation). Und er kommt gleichzeitig mit einem von ihm losgetretenen Stein unten an. Nur ist der Stein dann nicht tot, denn er hat nie gelebt.

Wenn sich Leben als Möglichkeit zwar nicht notwendig aus den vier Grundkräften ergibt, aber ihnen auch nicht widerspricht, könnte man sich die Frage nach einer weiteren Kraft stellen - eben der Lebenskraft. Ein Nachweis dieser Kraft als

[57] Genauer gesagt haben wir hierfür den Begriff der Biochemie erfunden, der ja eigentlich besagt, dass die Chemie des Lebendigen mehr ist als das, was wir sonst so als Chemie betreiben. Wohl gibt es Überschneidungsbereiche (den meines Wissens ersten Überschneidungsbereich beschrieb Friedrich WÖHLER 1828 mit der Synthese von Harnstoff), dennoch sind die biochemischen Vorgänge im Lebendigen weitaus komplexer als alles, was der Chemiker im Labor anstellen kann.

Kraft ist jedoch nicht erfolgt (was nicht unbedingt gegen die Existenz dieser Kraft spricht, wie oben schon angedeutet).
Es ist jedoch nicht unbedingt erforderlich, wirklich von "Kraft" zu reden. Schon HAHNEMANN hat synonym vom "Lebensprincip" geschrieben.
Ich möchte zu dieser Thematik einen Text aus dem Jahr 1839 (also noch zu Lebzeiten HAHNEMANNS) einfügen[58]:

> *Weiter sei erinnert, dass ich es für gut hielt, den innern einheitlichen Grund oder das Prinzip des Lebens durch Lebensgrundkraft oder mit vielen bedeutenden Schriftstellern als Lebenskraft zu bezeichnen, wiewohl man in neuester Zeit von der Lebenskraft, die als Deus in machina gelten soll, nur noch von Lebensthätigkeit wissen will [...], es heißt mit allzugroßer Resignation und Ängstlichkeit sich auf die Grenze sinnlicher Wahrnehmung zurückziehen, die man mit allem Grunde muthig überschreiten durfte. – Um öfteren Umschreibungen zu entgehen und zugleich zur näheren Bezeichnung der Lebensthätigkeit als einer Thätigkeit aus eigener Kraft und aus Selbstbestimmung habe ich für erstere den Ausdruck Autokratie, autokratisch, für letztere den Ausdruck Autarchie, autarchisch bilden und wählen zu dürfen geglaubt. Da man indessen unter Autokratie seit lange schon die Heilkraft der Natur begreift und wohl auch unter Autokratie und Autarchie, dasselbe verstehen könnte, so möchte es vielleicht Manchem besser dünken, statt Autokratie, autokratisch in obigem Sinne den Ausdruck Autody-*

[58] WETTER, Johann Baptist: "Abhandlungen und Untersuchungen aus dem Gebiete der Naturwissenschaft, insbesondere der Biologie", Giessen 1839
Hier wird deutlich, dass es sich bei der Frage nach einer Lebenskraft nicht unbedingt um eine Frage von Physik oder Chemie handeln muss, sondern dass man auch über Metaphysik reden könnte. Metaphysik ist aber kein Objekt der Naturwissenschaften.

namie, autodynamisch [...] und statt Autarchie, autarchisch den Ausdruck Autonomie, autonomisch [...] zu setzen. Die Wahl hierunter will ich gerne Jedem überlassen

Wenn man hierzu noch weiß, dass schon HAHNEMANN den Begriff der Lebenskraft auch als Autokratie bezeichnete (§9 des "Organon") dann hätten wir eine gewisse zusammenhängende Begriffsfolge vor uns: Lebenskraft – Lebensprinzip – Autokratie – Autodynamie.
Das erinnert aber stark an das Prinzip der Selbstregulation, das wir durchaus als eine grundlegende Eigenschaft alles Lebendigen begreifen können. Wenn diese Eigenschaft nicht mehr vorhanden ist, dann handelt es sich ziemlich schnell nicht mehr um etwas Lebendiges, sondern um etwas Totes. Man könnte also in modernerem Sinne den umstrittenen Begriff der Lebenskraft durchaus mit moderneren Begriffen wie "Selbstregulation", "Homöostase" oder auch "Hormesis[59]" in Zusammenhang bringen. Der physikalische Begriff der Kraft wäre dann nicht mehr nötig und das Konzept würde sich recht zwanglos in modernere biologische Auffassungen einfügen.

Wir dürfen aber auch nicht vergessen, dass HAHNEMANN die Lebenskraft als *geistartig* bezeichnete. *Geistartig* bedeutet zunächst einmal "nicht materiell". Das kann auf die Selbstregulation bzw. Homöostase durchaus angewandt werden, denn dieses Prinzip bedient sich zwar materieller Vorgänge, kann aber selbst nicht als grob materiell bezeichnet werden.

[59] "Hormesis" beinhaltet, dass die Beziehung von Dosis und Wirkung nicht linear ist, sondern vielmehr verschiedene Effekte von sehr niedrigen und sehr hohen Dosen auftreten können, bis hin zu einer Wirkungsumkehr. Prinzipiell passt dieses Prinzip zum homöopathischen Simile-Prinzip (siehe unten), es ist aber eigentlich nicht so formuliert, dass es auch für Dosen gilt, die sich im nicht-materiellen Bereich befinden.

Die Frage geht natürlich weiter: Woher kommt diese immaterialle "Kraft" oder dieses immaterielle "Prinzip"?
Ist es etwas, was unter bestimmten Bedingungen aus den bloßen chemischen Reaktionen "emergiert" oder ist es etwas, das von außen kommt und den "Lehm behaucht[60]"?
HAHNEMANNS Formulierung von "geistartig" könnte beides meinen. Offenbar unterscheidet HAHNEMANN zwischen dem Körper, der Lebenskraft und dem *inwohnenden vernünftigen Geist* (§9 Organon). Dass er dabei die Lebenskraft ebenfalls als "geistartig" betrachtet, ist allerdings etwas widersprüchlich (wobei "geistartig" nicht mit "Geist" gleichzusetzen ist).
Bei HAHNEMANNS großem Vorläufer PARACELSUS findet sich eine ähnliche Dreiteilung in Körper (Sal), Seele (Sulphur) und Geist (Mercurius). Wenn wir diese drei Prinzipien "aufeinander legen", entspräche die Lebenskraft der Seele. Von dort reicht die Assoziationskette weiter zu GRODDECK[61], der die Lebenskraft mit dem "Es" assoziiert (wohlgemerkt ist das GRODDECKsche Es vom FREUDschen zu unterscheiden). Oder die Kette reicht (etwas früher) zu CARUS[62], der von einem absoluten Unbewussten spricht und damit wohl auch so etwas wie das Lebensprinzip oder die Lebenskraft meint.

---

60 Damit nehme ich Bezug zu EXUPÉRYs Satz: *Nur der Geist, wenn er den Lehm behaucht, kann den Menschen erschaffen* ("Wind, Sand und Sterne"). Das Motiv ist verbreitet und ich will nur zwei Beispiele nennen: Adam (oder auch Eva) wurde aus Erde erschaffen und hernach wurde ihm von Gott der Lebensatem vermittelt (eingehaucht). Im "Faust" bereitet zwar Wagner die richtige Mischung für die Entstehung des Homunkulus, es bedarf aber noch eines Geist-Funkens, vermittelt von Mephistopheles, den man recht klar dem Mercurius-Geist-Prinzip zuordnen kann.
Ein ähnliches Problem (auf einer anderen Stufe) haben wir an der Stelle, als im bloßen Lebenden das Bewusstsein auftaucht (es sei denn, man verträte einen Panpsychismus).

61 GRODDECK, Georg: "Das Buch vom Es". Psychoanalytische Briefe an eine Freundin", Frankfurt am Main 1983

62 CARUS, Carl Gustav: "Psyche. Zur Entwicklungsgeschichte der Seele", Darmstadt 1964 (reprografischer Nachdruck der Auflage Pforzheim 1860)

Wenn wir also in diesem Sinne die Lebenskraft mit der Seele assoziieren, bekommen wir ein Problem: Seele als Lebenskraft wäre unbewusst, andererseits wird aber Seele als individuelles und bewusstes Prinzip gesehen.
Erstere Auffassung findet sich im schamanischen Weltbild wieder, wo es zwei Ursachen von Krankheit gibt: Verlust der Seele und Befall von Dämonen. Entsprechend muss der Schamane entweder auf die Suche nach der Seele gehen oder die Dämonen austreiben. "Verlust der Seele" (Seele als unbewusstes ordnendes Prinzip gedacht) würde mit HAHNEMANNS Auffassung von Krankheit als "Verstimmung der Lebenskraft" harmonieren. "Befall durch Dämonen" passt sehr gut zu der Korruption der Lebenskraft durch Miasmen[63]. Bei HAHNEMANN ist das noch nicht so deutlich, bei ALLEN[64] werden die Miasmen aber recht deutlich zu Dämonen.
Die andere Seite, dass Seele ein individuelles Prinzip ist, passt hier nicht so recht. Es sei denn, wir würden von mehreren (mindestens zwei) Seelen reden – von mehreren bewegenden Prinzipien bzw. von einer Kontinuität im System "Seele", die von der völligen Unbewusstheit bis zu höchstem Bewusstsein geht (im kosmologischen Sinne werde ich das weiter unten wieder zur Sprache bringen).
Die Frage, ob das Lebensprinzip von "innen" kommt (also emergiert) oder ob es von außen hinzutritt, ist damit freilich nicht beantwortet. Womöglich ist diese Antwort auch gar nicht möglich und gar nicht nötig.
Festzuhalten ist, dass das Konzept einer Lebenskraft (oder eines Prinzips, das man mit dieser in Verbindung bringen kann), weltweit und über lange Zeiten verbreitet war. RUSCH-

---

63 Unter "Miasma" wurde zu Hahnemanns Zeiten ein von außen kommender Einfluss bezeichnet, der krank machen kann. Er wurde im Gegensatz zum Kontagium eher als geistartig gedacht. Dieses Konzept wird heute auch innerhalb der Homöopathie stark diskutiert.
64 J.H. ALLEN: "Die Chronischen Krankheiten. Die Miasmen", Aachen 2000

MANN[65] verweist auf den Begriff des *jîva-âtman*, des Lebens-Selbstes, der mir den Begriff der Lebenskraft sehr gut zu veranschaulichen scheint (womöglich besser als HAHNEMANNS Begriff selbst).

Ich muss zugeben, dass die letzteren Bemerkungen von ziemlich spekulativer Natur sind. Worum es mir eigentlich geht, ist, dass es weit verbreitete Traditionen gibt, die so etwas wie eine Lebenskraft annehmen. Wenn eine kausalistisch-reduktionistische[66] Naturwissenschaft eine Lebenskraft nicht nachweisen kann und behauptet, ohne sie auszukommen, so bedeutet das nicht unbedingt, dass es sie nicht gibt. Die Unfähigkeit, die Lebenskraft anzunehmen oder gar nachzuweisen, könnte ja gerade mit dem reduktionistischen Ansatz zusammenhängen. Menschen, die in einer anderen Tradition stehen, könnten diesen Ansatz hingegen als irrsinnig bezeichnen.

Eigentlich ist klar, dass derjenige, der sich freiwillig oder zwangsweise auf einen Aspekt der Wirklichkeit beschränkt, andere Aspekte der Wirklichkeit logischerweise nicht wahrnehmen kann. Dann zu sagen, dass es diese nicht gibt, ist möglicherweise nicht ganz richtig.

Wer bin ich nun, zu entscheiden, wer Recht hat? Naturwissenschaftler können die Frage nach der Lebenskraft ebenfalls nicht entscheiden, eben weil sie sich außerhalb des Gebietes befindet, auf das sie sich beschränken. Nur Journalisten können das.

---

65 RUSCHMANN, E: Lebenskraft – philosophisch gesehen, AHZ 261 (5), 2016, S.4-10 Wer mehr wissen will als das Wenige, was ich hier schreibe, auch in Beziehung zur Homöopathie, der wird in diesem Artikel fündig.

66 Zum Kausalprinzip ist zu bemerken, dass dieser Ansatz gegenüber ARISTOTELES wiederum eine Reduktion darstellt, die allein die Wirkursache anerkennt. Die Annahme einer Zielursache würde mit dem Konzept einer Lebenskraft viel besser harmonieren, wie es sinngemäß etwa im § 9 des Organon formuliert ist.

c) Homöopathie widerspricht der Vernunft

Das schließt sich unmittelbar an a) an, erschöpft sich aber nicht damit.
Der Zufall wollte es, dass gerade während ich über dieses Thema schreiben möchte (28.1.2019) ein Artikel von Christian STÖCKER[67] über den "gesunden Menschenverstand" im "SPIEGEL online" stand. Lassen wir einmal das Wort "gesund" weg und reden wir vom Menschenverstand[68].
Es ging bei dem Artikel um einen umstrittenen Satz des gegenwärtigen Verkehrsministers, der letztendlich darauf hinauslief, dass Geschwindigkeitsbegrenzungen gegen den Menschenverstand seien.
Ich stimme da weder mit Herrn SCHEUER noch mit Herrn STÖCKER überein. Ich denke nicht, dass der Menschenverstand ein *Schwachkopf* ist, wie letzterer behauptet. Vielmehr ist es dem Menschenverstand ziemlich klar, dass es für die eigene Gesundheit einen Unterschied bedeutet, ob man mit 200 km/h oder mit 20 km/h vor einen Baum fährt. Ebenso ist es klar, dass man Fahrzeuge, die sehr schnell fahren, schwerer beherrschen kann als langsame. Und schließlich sollte dem Verstand auch klar sein, dass höhere Geschwindigkeit auch mehr Energieeinsatz erfordert.
Richtig ist jedoch, dass es dem Menschenverstand nicht wirklich einleuchtet, dass bei sehr hohen Geschwindigkeiten die bewegten Objekte schwerer werden. Das hat EINSTEIN ausgerechnet. Das entspricht nicht unserem Erfahrungsbereich, stimmt aber trotzdem.
Das macht aber nichts, denn für den mittleren Bereich von Geschwindigkeiten und Größen und Massen passt das Urteil

---

[67] http://www.spiegel.de/wissenschaft/mensch/politische-argumente-der-menschen verstand-ist-ein-schwachkopf-a-1250050.html

[68] Der von STÖCKER zitierte KANT würde sich im Grabe umdrehen, wenn Vernunft und Verstand gleichgesetzt werden, obwohl er bekanntlich der größte Kritiker sogar der Vernunft war - und des Verstandes schon gar. Zur Differenzierung bitte bei KANT nachlesen!

des Menschenverstandes durchaus. Wie Konrad LORENZ[69] sinngemäß sagte, ist der Affe (und ebenso der Mensch), der eine in diesem alltagsrelevanten mittleren Bereich eine unzutreffende Vorstellung von der Welt hat, sehr schnell ein toter Affe (oder Mensch).
Was Herr SCHEUER da gesagt hat, entstammt sehr wahrscheinlich nicht dem Menschenverstand – jedenfalls nicht dem gesunden.
Was wir aber – anders als Herr STÖCKER – nicht vergessen sollten, ist, dass es sehr schwer ist, Wissenschaft und Menschenverstand voneinander abzugrenzen. Es gibt Austausch in beiderlei Richtungen (in Wirklichkeit gibt es gar keine Trennung, schon indem die Wissenschaft selbstverständlich dem Menschenverstand entstammt). So ist etwa die Tatsache, dass höhere Geschwindigkeiten mehr Energie pro Strecke benötigen und dass daher der Kohlendioxidausstoß größer wird, zunächst eine wissenschaftlich ermittelte, die aber doch irgendwie in den allgemeinen Menschenverstand übergegangen ist. Andersherum hat der Menschenverstand auch durchaus etwas dazu zu sagen, ob wir wissenschaftliche Theorien akzeptieren. EINSTEINS Nicht-Akzeptanz der probabilistischen Quantentheorie könnte man vielleicht als Beispiel für die Grenzen des Menschenverstandes sehen. Leider verstehe ich von diesen physikalischen Sachen nicht genug, um das weiter ausführen zu können.

Und ja, dass eine Arznei wirkt, in der kein Wirkstoff ist, widerspricht dem gesunden Menschenverstand – so, wie wir ihn heute begreifen.. Das heißt aber nicht, dass es nicht doch so sein könnte...

Die journalistische Pauschalisierung, die man oft antrifft: "Kann doch nach dem gesunden Menschenverstand gar nicht sein, die Homöopathen sind demzufolge alle gaga" ist jeden-

---

69 LORENZ, K.: "Die Rückseite des Spiegels", München 1996

falls nicht unbedingt richtig. Wiederum trifft diese merkwürdige Argumentationsfigur wahrscheinlich nicht nur die Homöopathen, sondern möglicherweise auch andere ein wenig abweichende Meinungen.
Merkwürdig ist aber, dass wieder einmal verschiedene Maßstäbe angelegt werden. In dem genannten Artikel greift Herr STÖCKER den Menschenverstand an (zu Unrecht, wie ich zu zeigen versucht habe), in einem gegen die Homöopathie gerichteten Artikel ("Die unsichtbare Teekanne", 12.03.2017[70]) hat er aber mit Argumenten, die man durchaus dem Menschenverstand zuordnen kann, hantiert.
Vielleicht geht es ja auch einfach nur darum, wessen Menschenverstand gerade betrachtet wird. Da gibt es selbstverständlich Unterschiede. Die wichtigste Regel ist dabei, dass immer der eigene Verstand überlegen ist – insbesondere, wenn man journalistisch tätig ist.

d) Homöopathie widerspricht den Naturgesetzen

Oh, die böse Homöopathie! Sie widerspricht Gesetzen! Da muss das Gericht einschreiten! (Welches Gericht ist denn eigentlich für den Verstoß gegen die Naturgesetze zuständig?)
Man kann sich natürlich auch die Frage stellen, was denn eigentlich ein Naturgesetz ist.
Ich denke, dass es zwei mögliche Antworten darauf gibt: Die eine besteht darin, dass ein Naturgesetz ein innerer und notwendiger Zusammenhang in der Natur selbst ist. Wenn dem so ist, dann kann niemand und nichts diesem Zusammenhang widersprechen. Vielleicht einzig und allein das Denken, das sich irgendwie von der Natur emanzipiert hat. Aber das ist ein weites Feld, Luise...
Die andere Antwort wäre, dass ein Naturgesetz unsere (fallible) Formulierung eines wirklichen Zusammenhanges in der Natur ist.

---

70 http://www.spiegel.de/wissenschaft/mensch/homoeopathie-debatte-der-techniker-kaefermann-vs-krankenkasse-a-1138080.html

Eine gängige wissenschaftliche Auffassung vor KEPLER war, dass sich die Planeten gemäß ihrer Seelen um die Sonne drehen. KEPLER fragte sich, ob die Seelen um so schwächer werden, je weiter sie von der Sonne entfernt sind oder ob es womöglich nur eine zentrale Seele – die der Sonne – gebe, die auf nähere Körper stärker wirke als auf fernere. Irgendwie nimmt er damit NEWTONS Gravitationsgesetz voraus, das eine präzise mathematische Formulierung ist, ohne dass es beschreiben kann, was eigentlich Gravitation ist (womit wir bekanntlich bis heute noch gewisse Probleme haben).
Noch einmal: Sind Naturgesetze Zusammenhänge der Natur oder sind es unsere Beschreibungen dieser Zusammenhänge, die wir direkt nicht kennen?

Es wird aber Zeit, zum Thema zurückzukehren und sich – anders als viele Journalisten – nicht in Allgemeinplätzen zu verlieren.

e) Die Potenzierung

Erwähnt wurde bereits, dass mit der Potenzierung eine Verdünnung einhergeht. In der Auffassung der Homöopathen ist diese Verdünnung aber nicht alles, was da passiert.
Wäre die Verdünnung alles, dann hätten wir ein Problem:
Es mag zwar sinnvoll sein, Gifte, die wir als Arzneimittel einsetzen, zu verdünnen, damit die Patienten nicht am Arzneimittel sterben[71]. Die Frage, warum ein Stoff wie Natrium muriaticum (Kochsalz), den wir jeden Tag in Gramm-Mengen

---

[71] Genau das war der Grund, aus dem HAHNEMANN sein Quecksilberpräparat Mercurius solubilis entwickelte: Er wollte ein möglichst wenig giftiges Quecksilberpräparat und dieses auch noch in möglichst geringen Dosen einsetzen, um die Syphilis zu behandeln, wissend, dass Quecksilber wohl gegen Syphilis wirksam ist, aber durchaus geeignet ist, selbst die Patienten umzubringen. Bei der Ungiftigkeit seines Arzneimittels hat er sich geirrt (alle Quecksilberverbindungen sind giftig), die Dosisreduzierung war hingegen durchaus sinnvoll.

zu uns nehmen, in verdünnter Form ein Arzneimittel sein kann, erschließt sich aus dem Vorsatz der Vermeidung von Giftwirkung jedoch nicht.
Es muss also noch etwas anderes bei der Potenzierung passieren als eine bloße Verdünnung. Das meinen Homöopathen, sonst könnten sie Natrium muriaticum C200 nicht wirklich im Ernst verwenden.
Die gängige Erklärung ist, dass die Potenzierung arzneiliche Kräfte mobilisiert, die in der Rohsubstanz noch nicht vorliegen.
Leider mangelt es uns an einer tragfähigen Erklärung wie das geht. Natrium muriaticum z.B. liegt in Wasser ziemlich vollständig dissoziiert als Natrium- und Chlor-Ionen vor. Natrium ist Natrium und Chlor ist Chlor. Hinzu kommt durch das Aufschlagen bei der Potenzierung Luft. Wie sollten dadurch besondere arzneiliche Kräfte mobilisiert werden? Selbst wenn wir annähmen, dass die "Information" von Natrium muriaticum irgendwie gespeichert würde (siehe oben), wäre das immer noch nur die Information von Natrium muriaticum. Warum diese besonders heilsam sein sollte, kann ich nicht erklären.

Aber es kommt noch schlimmer:

Das folgende Argument wird von Journalisten selten gebraucht, wohl wegen der mit diesem Beruf notwendig verbundenen Oberflächlichkeit. Es dürfte ziemlich schwierig sein, auf dieser Erde 5 oder 10 ml Wasser zu finden (oder herzustellen), in denen sich nicht wenigstens ein Natrium-muriaticum-Molekül (bzw. ein Natrium- und ein Chlor-Ion) befindet.
Das bedeutet, dass es nicht einmal eine Potenz C30 von Natrium muriaticum geben kann, denn erstens wäre in dieser kein Natrium muriaticum mehr und zweitens kommt in jedem Potenzierungsschritt wieder Natrium muriaticum hinzu, so dass wir letztendlich ein Potenzgemisch hätten.
Zu dieser Problematik fällt mir ganz einfach nichts mehr ein.

f) Das Simile-Prinzip ist Blödsinn.

Das wird in journalistisch geprägten Beiträgen oft behauptet. Dabei ist längst erwiesen, dass auf eine Wirkung auf den Organismus eine Gegenreaktion erfolgt. Selbst in der wissenschaftlich fundierten Medizin gibt es Beispiele für so etwas wie ein grobes Simile-Prinzip, etwa die Anti-D-Prophylaxe, die Impfung und die Hyposensibilisierung[72]. Aber das sind eben keine Beispiele aus dem Bereich der Homöopathie und sind daher journalistisch völlig anders zu bewerten.

g) Vernichtung

Mir gehen die Argumente aus. Von außen (sprich: vom Menschenverstand - so wie er gegenwärtig beschrieben wird - oder der gegenwärtig geltenden Naturwissenschaft her) müssten wir an dieser Stelle die Homöopathie verwerfen und Homöopathen als Menschen mit entweder mangelhafter naturwissenschaftlicher Bildung oder mit einem kranken Menschenverstand ansehen. Mir fällt letztendlich zu diesem ganzen Themenkomplex ein einziges Argument ein: Ich weiß nicht alles, Wissenschaftler wissen nicht alles und manche Dinge, die wir zu wissen glauben, könnten sich möglicherweise anders darstellen aufgrund all dessen, was wir nicht wissen. Ich weiß, dieses Argument ist schwach. Stärker sind diffamierende

---

[72] Bei der Impfung werden lebende oder tote Erreger angewandt, um eine Immunreaktion zu provozieren, in dem Wissen, dass die Immunreaktion bei einer sekundären Infektion effizienter ist und so die Erkrankung verhindert werden kann. Die Hyposensibilisierung ist im Gegensatz dazu eine Therapie. Wenn eine Allergie besteht, wird gerade der Stoff, der die Allergie auslöst, gegeben (wenn auch auf einem anderen Wege), um die allergische Reaktion auf diesen Stoff in Grenzen zu halten. Die Anti-D-Prophylaxe dient zur Verhinderung einer unter Umständen tödlichen Immunreaktion der Mutter gegen die roten Blutkörperchen ihres Kindes. Gefährlich wird diese Immunreaktion erst beim zweiten Kind, mit dem eine solche Unverträglichkeit besteht. Daher wird nach der Geburt des ersten Kindes eine Behandlung der Mutter mit eben jenen Antikörpern vorgenommen, die beim zweiten Kind die fatale Reaktion verursachen würden.

Aussagen, auch wenn das keine Argumente sind. Viele Journalisten gehen aber so vor.

Das Resultat könnte tatsächlich Vernichtung sein, wenn es da nicht ein kleines und (für manche) unbedeutendes Detail gäbe: Irgendwie kann Homöopathie kranken Menschen helfen. Diese Tatsache ist nicht so einfach hinwegzuwischen und ich werde weiter unten noch darauf zurückkommen.
Um einmal bei Natrium muriaticum zu bleiben: Das ist eines der Mittel, die ich in meiner Praxis ziemlich häufig verordnet habe und ziemlich oft mit gutem oder sehr gutem Ergebnis[73].
Irgendwie sollte man als Journalist diese Tatsache, dass Homöopathen potenzierte Arzneimittel verordnen und diese auch ziemlich häufig helfen, vielleicht doch nicht ganz aus den Augen verlieren!
Es sei denn, man sei ein Vertreter eines zumindest belehrenden, besser aber vernichtenden Journalismus.
Beide Möglichkeiten implizieren aber, dass der Belehrende bzw. der Vernichtende unangreifbar ist. Das ist am leichtesten zu erreichen, indem man Kritik wegwischt oder gar nicht auf sie reagiert.
Beides habe ich bei Versuchen von Kontaktaufnahmen mit den Medien regelmäßig erlebt. Ich wurde entweder belehrt oder mein Kontaktversuch fand keine Resonanz. Fast immer war das so – und ich habe es oft versucht. Es ist nicht so, dass ich deswegen schmolle, die Tatsache will ich aber festhalten.

h) Das Ekel-Argument

Dieses Argument ist eigentlich unnötig (und es ist nicht einmal ein Argument, sondern ein Frame). Aber es wird wohl journalistisch gebraucht, um im Leser einen gefühlsmäßigen

---

73 Um eine an dieser Stelle bei Kritikern automatisch aufkommende Frage vorwegzunehmen: Nein, ich kann keine Statistik darüber vorlegen.

"Igitt!"-Widerstand gegen die Homöopathie auszulösen. Ein Beispiel:
Frau HACKENBROCH erwähnt in ihrem SPIEGEL-Artikel "Die Macht der Heiler"[74], dass homöopathische Arzneimittel aus Kakerlaken, Kellerasseln, Kondomgummi, Pottwal-Exkremente, Krötengift oder Pferdehaar bestünden.
Pottwal-Exkremente (Ambra grisea[75]) und Krötengift (Bufo rana) sind mir als homöopathische Arzneimittel bekannt, der Rest nicht, obwohl ich ziemlich sicher bin, dass diese Recherche stimmt.

Aber was soll's... Es gibt in der Homöopathie noch ekligere Sachen, etwa Gonokokken-Eiter (Medorrhinum)[76] oder den Inhalt von Krätzebläschen (Psorinum), was allerdings nichts macht, weil bekanntlich nichts davon drin ist. Aber eklig bleibt es...(?)

i) Das "So ein Arzneimittel ist bescheuert"-Argument

Ich muss gestehen, dass ich da mit der Kritik an der Homöopathie teilweise mitgehe. Auch bei mir gibt es gewisse Grenzen. Das Mittel Positronium etwa hat eine so geringe Halbwertszeit, dass es selbst bei schnellster Handlung nichts mehr gibt, was man in die Reibschale überführen könnte. Oder wenn man ein Fernrohr an einen Ort am Himmel richtet, wo sich ein schwarzes Loch befindet, den "Licht"strahl dann auf das, was ein Arzneimittel werden soll, richtet und das Arzneimittel dann "schwarzes Loch" nennt, sollte man dazu bemerken, dass, selbst wenn da irgend eine energetische

74 https://magazin.spiegel.de/SP/2018/34/158957335/index.html. Oder im SPIEGEL Nr. 34/2018

75 Ob man Ambra grisea als Exkrement bezeichnen sollte, sei dahingestellt. Immerhin wird aber dieser Stoff bei der Parfüm-Herstellung verwendet. Soviel zum Ekel-Argument...

76 Merkwürdig ist allerdings die Vorschrift, dass solche aus Krankheitserregern hergestellten Präparate sterilisiert werden müssen, obwohl nichts mehr drin ist.

Übertragung stattfinden würde, diese allenfalls von Ereignishorizont des schwarzen Loches und der dort entstehenden Strahlung stammen könnten, nicht vom schwarzen Loch selbst (denn da kommt bekanntlich nichts mehr raus). Aber eigentlich verstehe ich nichts von schwarzen Löchern[77].
Gern als Kuriosität angeführt werden auch die Arzneimittel "Berliner Mauer" oder "TDM Muelleri", ein potenzierter Tausendmarkschein (bei dem interessant wäre, wie sich seine homöopathische Wirkung von einem 500-Euro-Schein unterscheidet).
Genug der Ironie. In der Tat gibt es Arzneimittel, deren Wirkung nur sehr schwer vorstellbar ist. Aber selbst diese Abstrusitäten bedeuten nicht, dass das entsprechende Arzneimittel etwa nicht wirkt – und wenn sich meine Fingernägel auch noch so sehr kräuseln[78].

j) Das Heilpraktiker-Argument

Auch dieses Argument ist eigentlich gar keins, wird aber dennoch innerhalb der journalistischen Berichterstattung immer wieder gebraucht. Es geht davon aus, dass viele Heilpraktiker Homöopathie anbieten, dass aber Heilpraktiker eine wesentlich kürzere Ausbildungszeit haben als Mediziner. Beides stimmt, aber beides hat nichts miteinander zu tun, da auch Ärzte Homöopathie anbieten.

Das Argument hat so ungefähr die Form eines Pseudo-Syllogismus:

Prämisse 1: Heilpraktiker sind blöd.
Prämisse 2: Heilpraktiker machen oft Homöopathie.

---

[77] Außer von jenem schwarzen Loch, in dem ständig meine Brillen, Schlüssel und wichtigen Papiere verschwinden.
[78] Für das Kräuseln von Fingernägeln wäre wiederum möglicherweise das homöopathische Arzneimittel Magnetis polis arcticus oder auch Magnetis polis australis indiziert, Arzneimittel, die ich ebenfalls nicht verstehe.

Konklusion: Homöopathie ist blöd, Homöopathen sind blöd.

Ich kenne übrigens sehr gute Heilpraktiker und von einigen habe ich einiges gelernt.
Ein Argument ist möglicherweise nicht ganz von der Hand zu weisen: Heilpraktiker könnten sich tendenziell weniger sicher als Ärzte sein, wann welche Methode angezeigt ist und wann sie mit ihren spezifischen Methoden aufhören sollten. Dieses Argument gilt aber selbstverständlich nicht für alle Heilpraktiker. Und andererseits gilt es auch für Ärzte.

k) Homöopathie kann schaden.

Man liest immer wieder die journalistische Behauptung, dass homöopathisch behandelte Patienten schlechter dran seien. Da andererseits behauptet wird, Homöopathie könne nicht wirken, könnte dieser negative Effekt nicht direkt durch die homöopathischen Arzneimittel entstehen[79], sondern müsste

---

[79] Dennoch wird der direkte negative Effekt homöopathischer Arzneimittel gelegentlich behauptet. So gab es 2017 Berichte, in denen behauptet wurde, mehrere Kinder seien durch den Einsatz von homöopathischen Arzneimitteln direkt zu Tode gekommen ("direkt" meint hier, dass das homöopathische Mittel einen toxischen Effekt hatte):
z.B. https://www.zeit.de/wissen/gesundheit/2017-02/homoeopathie-usa-arzneimittel-fda-warnung-todesfaelle
Oder man gebe bei Google "Kinder tot Homöopathie" ein.
Es ist natürlich etwas problematisch, einerseits zu behaupten, dass homöopathische Arzneimittel keine Wirkung haben und andererseits, dass diese Wirkung zum Tode führen kann. In diesem Falle scheint es so gewesen zu sein, dass wahrscheinlich ein Produktionsfehler vorlag, indem materielle Mengen des entsprechenden Stoffes in der homöopathischen Arznei nachgewiesen wurden. Zwar handelte es sich um Mengen, welche wahrscheinlich die toxische Dosis nicht erreicht haben, aber es ist doch etwas passiert, was nicht hätte passieren sollen. Zwei Dinge sind jenseits dessen, das so etwas einfach nicht passieren darf, anzumerken: Erstens passiert auch das, was nicht passieren darf (Murphy). Und zweitens passieren solche Sachen nicht nur innerhalb der Homöopathie. Das journalistische Frame heißt aber: "Homöopathie ist wirkungslos, aber sie kann töten".

entweder ein Nocebo-Effekt sein oder – was meist formuliert wird – käme dadurch zustande, das zu Gunsten der Homöopathie andere, wirksamere Behandlungsmethoden versäumt werden.
Hierzu ist zu sagen, dass das zweifellos vorkommt. Beispiele hierfür wurden veröffentlicht. Auch wenn bei der journalistischen Bearbeitung das wirkliche Geschehen nicht immer nachvollziehbar erscheint, möchte ich doch davon ausgehen, dass solche Fehler passieren.

Gern zitiert wird von Journalisten eine Website: "whatstheharm.net".
Dort sind unter anderem Fälle zusammengetragen, in denen durch Homöopathie direkt oder indirekt Schaden entstanden sein soll. Der früheste dort verzeichnete Fall stammt aus dem Jahr 1923, als der damalige Präsident der U.S.A. an einer Lebensmittelvergiftung zu Tode kam. Er ist nicht homöopathisch behandelt worden, obwohl sein Arzt auch Homöopath war. Seitdem wurden etwas mehr als 400 Fälle aufgezeichnet, in denen durch Homöopathie Schaden entstanden sein soll.
Die meisten dieser Fälle haben allerdings entweder nichts mit Homöopathie zu tun oder sind kaum nachvollziehbar[80].

Darüberhinaus ist zu bemerken, dass zu jener Zeit, als die erwähnte Nachricht in vielen Medien stand, die Untersuchungen zu diesem Verdacht, Kinder seien durch jenes Arzneimittel zu Tode gekommen, noch nicht abgeschlossen waren. Mittlerweile sind sie das wahrscheinlich, man hat aber seitens der Journalisten nie wieder etwas darüber gehört. Sollte es etwa so sein, dass ein Ergebnis herausgekommen ist, das nicht so recht passt? Ich weiß es nicht, denn ich beziehe ja meine Informationen von eben jenen Journalisten.

[80] Eine Kuriosität von jener Seite möchte ich noch erwähnen: Eine Patientin starb nach einer Fettabsaugung. Das ist selten, kann aber vorkommen. Nun ist eine Fettabsaugung eindeutig keine homöopathische Maßnahme. Allerdings war der Arzt, der sie vornahm, auch Homöopath. Selbst wenn er als Homöopath für die Fettabsaugung nicht ausreichend ausgebildet gewesen sein sollte, kann man diesen bedauerlichen Todesfall nicht der Homöopathie anrechnen. Wenn ein Gärtner eine Blinddarmoperation ausführt und es geht schief, so spricht das nicht gegen den Beruf des Gärtners (wenn man einmal

Von seiten der Journalisten werden solche Einzelfälle natürlich gern als Argument gegen Homöopathie aufgeführt. Das kann man gern tun, nur halte ich dieses Verfahren für problematisch, wenn andererseits die Einzelfälle, die Homöopathen vorweisen können und in denen von positiven Wirkungen der Homöopathie berichtet wird, als irrelevant abgelehnt werden.

Es passiert auch, dass sich Ärzte dafür entscheiden, einen Patienten mit Bandscheibenvorfall zu operieren, obwohl konventionelle Maßnahmen ebenfalls erfolgversprechend wären, aber mit weniger Risiken verbunden. Es kann auch genau umgekehrt sein. Und mehr noch: Ein Physiotherapeut wird möglicherweise bei dieser Frage zu einer anderen Einschätzung kommen als ein Chirurg. Wir urteilen nun einmal nicht vollkommen objektiv – trotz aller Bemühungen und trotz der medizinischen Leitlinien. Möglicherweise ist das sogar gut so (Si enim fallor, sum).

Meine Antwort auf die Frage, ob Homöopathie schaden kann, ist ein eindeutiges Ja. Und zwar nicht nur dadurch, dass andere, geeignetere Methoden versäumt werden könnten, sondern durch direkte Wirkung. Ich bin überzeugt davon, dass Homöopathie wirkt, also kann sie sowohl nutzen als auch schaden. Es ist Teil des Wissens über Homöopathie, wie man den Schaden möglichst vollständig vermeidet. Nicht immer gelingt das.

l) Homöopathie ist Voodoo, Esoterik, Hokuspokus, Magie

Im Kern bedeutet dieses Nicht-Argument wahrscheinlich: "Homöopathie ist Schwachsinn".
Bleiben wir aber doch bei dem, was gesagt wird: Esoterik, Voodoo, Hokuspokus oder Magie. Das sind vier Bezeichnun-

---

davon absieht, dass man auch den Bock zum Gärtner machen kann, was aber eher das Thema der Politik berührt, die nicht Gegenstand dieser Erörterung ist).

gen, die ich öfters gelesen habe und die ich in der Folge kommentieren möchte:

I1: Voodoo:

Hierbei handelt es sich um eine Religion, die ursprünglich aus Afrika stammt und sich besonders in die Karibik ausgebreitet hat und die meines Wissens ziemlich synkretistisch ist. Zwar sind mir die Glaubensinhalte von Voodoo nur äußerst oberflächlich vertraut, jedoch kann ich beim besten Willen nicht erkennen, wieso Homöopathie dieser Religion gleichzusetzen sei:
Bei Homöopathie handelt es sich nicht um eine Religion, sondern um eine medizinische Praxis, die zum Teil theoretisch unterlegt ist (ob die entsprechenden Theorien bzw. Hypothesen richtig sind, ist an dieser Stelle irrelevant.). Wir müssen also bei der Behauptung, Homöopathie sei dem Voodoo gleichzusetzen, von einem Kategorialirrtum sprechen[81].
Die einzige Stelle, an der man eine entfernte Ähnlichkeit zwischen der religiösen Praxis des Voodoo und der medizinischen Praxis der Homöopathie sehen kann, sind wohl die bekannten Voodoo-Puppen. Es handelt sich dabei um einen Analogie-Zauber, der zum Zentrum hat, dass das, was einer Puppe, die einer realen Person nachempfunden ist, geschieht, auch dieser realen Person geschieht. Bekannt ist das vor allem als Schadenszauber, auch wenn es im religiösen Kontext des Voodoo eigentlich eher zur Heilung eingesetzt wurde. Eine oberflächli-

[81] Davon unbenommen ist die Tatsache, dass Vertreter der Homöopathie von HAHNEMANN her bestimmte religiöse Überzeugungen hatten (oder aber auch keine). Es ist auch nachvollziehbar, dass bestimmte religiöse Glaubensinhalte Einfluss auf die medizinische Praxis ausüben können. Das ist bis heute so. Man kann beispielsweise durchaus in der Miasmenlehre von KENT und ALLEN Elemente ihres Glaubens (der swedenborgianisch geprägten "New Church") erkennen. Dadurch wird aber die Homöopathie als solche nicht zur Religion. Das ist auch dann nicht der Fall, wenn einzelne Vertreter sie so bezeichnet haben (etwa Emil SCHLEGEL: "Religion der Arznei", Regensburg 1987).

che Ähnlichkeit zur Homöopathie besteht tatsächlich, aber in der Homöopathie geht es zentral darum, dass das, was ein Arzneimittel bei einem gesunden Menschen auslösen kann, bei einem Kranken durch das Arzneimittel geheilt werden kann. Puppen als unbelebte Gegenstände, die lediglich mit Bedeutung aufgeladen werden, sind in der Homöopathie nicht im Spiel. Das ist im Kern etwas völlig anderes.
Somit kann man die Behauptung, Homöopathie sei Voodoo, bereits an dieser Stelle getrost verwerfen.

Man kann aber auch den Rahmen näher betrachten, innerhalb dessen diese Behauptung über Homöopathie getätigt wurde und sich sozusagen fragen, was denn auf diesem Rahmen geschrieben steht. Framing wird ja gegenwärtig (Februar 2019) heftig diskutiert. Was also löst der Begriff "Voodoo" aus, was wissen die meisten über Voodoo, ohne bei Wikipedia nachgeschlagen zu haben?

- Die schon erwähnten Voodoo-Puppen, mit denen sich eher die Vorstellung von Schadenszauber verbindet.

- Die Vorstellung einer primitiven Religion, die der christlichen Religion unterlegen ist.

- die Vorstellung von ekstatischen Ritualen, von Blut und Sperma (siehe z.B. etwa den Film "Angel Heart"[82], von dort ausgehend auch die Vorstellung des Teuflischen.

- Die Vorstellung von der Umwandlung von Menschen in Zombies.

Mit anderen Worten ist die Voodoo-Religion in unserem vorwiegend christlich oder agnostisch/atheistisch geprägten Kulturkreis eher negativ konnotiert[83].

---

[82] Regie: Alan PARKER , 1987

Diese negative Sichtweise von Voodoo kann durch die Gleichsetzung auf die Homöopathie übertragen werden (was wahrscheinlich auch das Ziel dieses Vergleiches ist).
Sofern der Fokus des Vergleiches auf dem Denken in Analogien liegt, wären auch Vergleiche zu anderen Religionen (auch der christlichen, siehe unten) oder zu wissenschaftlichen Werken möglich. So hat etwa FRAZER in seinem berühmten Werk "Der goldene Zweig" tatsächlich von einer "homöopathischen Magie" geschrieben, womit er eben jenen Analogiezauber meinte. Auch das ist aus meiner Sicht nicht richtig, aber man kann an dieser Stelle diskutieren, weil es hier keine negative Konnotation gibt, sondern wertfrei berichtet wird. Über Voodoo als Zuschreibung für die Homöopathie mag ich hingegen nicht diskutieren, weil der Begriff offenbar herabwürdigend gemeint ist.
Solcherart wird durch die Verwendung des Voodoo-Vergleiches anstatt anderer, vernünftigerer Vergleiche eine Diskussion durch diejenigen, die diesen Vergleich gebrauchen, erschwert, was dafür spricht, dass sie eine solche Diskussion nicht wünschen.

Was könnte die unterschwellige Botschaft der Gleichsetzung Homöopathie-Voodoo sein?
Vielleicht, dass der Homöopath ein Voodoo-Priester ist, der die Patienten zu Zombies macht[84]?

Zwischenstück: Zombies

> *Als Zombie wird ein Mensch bezeichnet, der scheinbar verstorben und wieder zum Leben erweckt wor-*

---

[83] Nebenher kann man sich auch fragen, ob die hier vermutete Sichtweise, die hinter dem Gebrauch des Begriffs "Voodoo" steht, nicht als rassistisch bezeichnet werden sollte.
[84] So direkt ist das meines Wissens noch nicht behauptet worden, aber dass Menschen durch die Homöopathie oder durch die Homöopathen ihren freien Willen verlieren, wird von journalistischer Seite gelegentlich durchaus behauptet.

den ist und ähnlich einem Untoten oder Wiedergänger als ein seiner Seele beraubtes, willenloses Wesen herumgeistert. (Wikipedia)

Es ist etwas daran an den Zombie-Geschichten, die ursprünglich vor allem aus Haiti stammen und tatsächlich mit der Voodoo-Religion zu tun haben. Praktisch wird die Zombifikation aber wohl primär durch Drogen erreicht. Der Glaube, dass eine Zombifikation möglich ist, mag aber gleichwohl auch eine Rolle spielen. Der Zombie kann als Arbeitssklave oder sonstiger Sklave missbraucht werden (oder aber zur Prostitution gezwungen werden).
Möglicherweise hat dieses Phänomen einen Punkt in uns berührt, der wohl etwas mit der Angst zu tun hat, unseren Willen und unsere Seele zu verlieren, was dazu führt, dass wir uns gegen diese ultimative Bedrohung behaupten wollen. Oder vielleicht kann man auch mutmaßen, dass es nach diesem an sich nicht wünschenswerten Zustand eine gewisse und vorwiegend unbewusste Sehnsucht gibt?
Jedenfalls gibt es eine unübersehbare Fülle von Literatur und insbesondere Filmen über Zombies. In diesem Jahr wird die zehnte Staffel von "The walking Dead" erscheinen. Wir haben in diesen Filmen gegenwärtig eine Variation des ursprünglichen Zombie-Phänomens vor uns: Menschen werden nicht von anderen Menschen zombifiziert, sondern es handelt sich um eine Infektion – meist mit einem Virus. Diese hat auch zur Folge, dass das Zombietum ansteckend ist – meist durch einen Biss. Die dann entstehenden Kreaturen sind tatsächlich ihrer Seele und ihres Willens beraubt und gehorchen nur noch ihrem Trieb, der vor allem im Beißen besteht. So einfach dieses Strickmuster auch ist, bewährt es sich doch und sorgt für Zuschauerzahlen. Es muss also psychologisch etwas daran sein (auch wenn ich das nicht verstehe).
Aber vielleicht kann man den Zombie-Begriff etwas erweitern: Ein Zombie ist jemand, der oder die keinen eigenen Willen und keine Individualseele mehr hat.

Wir könnten, wenn wir das noch etwas mehr erweitern, als einen Zombie jemanden bezeichnen, der in seiner Tätigkeit seinen eigenen Willen und seine Seele unbeachtet lässt und vielmehr ausschließlich äußeren Vorgaben bzw. Moden folgt (womit ich nicht die Kleidermode meine, denn die ist mir weitgehend egal).
Diese Beraubung muss nicht von einem Voodoo-Priester ausgehen, der weiß, wie man Zombies produziert. Diese Zombifikation kann ganz spontan entstehen: durch den Zwang zum Mainstream-Virus, dadurch, dass man dazugehören will, dadurch, dass man sagt und tut, was erwartet wird (oder dass man sagt und tut, wovon man wähnt, dass es erwartet wird).
In diesem Sinne kann es auch Zombie-Wissenschaftler[85], Zombie-Mediziner und Zombie-Journalisten geben.

Ich möchte noch einmal zu den Zombie-Filmen zurückkehren. Ich habe nicht viele von ihnen gesehen, aus Gründen der Langeweile, aber einer sticht heraus: Pontypool[86].
Hier findet die Zombifizierung dadurch statt, dass man bestimmte Worte gebraucht. Dabei scheint es sich um Worte zu handeln, deren Gebrauch inflationär geworden ist.
Man könnte das auch so interpretieren, dass man nicht zum Zombie wird, <u>weil</u> man diese Worte ausspricht, sondern bereits ein Zombie <u>ist</u>, <u>wenn</u> man sie ausspricht. Fast habe ich den Verdacht, dass sich hier etwas umdreht: Man kann gewisse Worte aussprechen, die andere zum Zombie machen sollen. Ein Beispiel, das mich persönlich betrifft, ist "weißer alter Mann". Ich habe den Eindruck, dass ich mit diesem Begriff zu einem Zombie oder etwas Ähnlichem gemacht werden soll. Der inflationäre Gebrauch macht aber denjenigen, der es gebraucht, selbst zum Zombie, zu jemandem ohne eigenen Willen und ohne Seele. Ich kann mich wehren, derjenige, der den

---

85 Thomas KUHN hat zum Zombie-Wissenschaftler einiges gesagt, auch wenn er das Wort natürlich nicht gebraucht hat. Beim Zombie-Mediziner muss man nicht gleich an "Leitlinien" denken. Es gibt Schlimmeres.
86 Regie: Bruce MCDONALD, Kanada 2008

Begriff gebraucht, nicht, denn er müsste sich gegen sich selbst wehren.

Ende des Zwischenstücks

12:Esoterik

Die Kommentierung dieses Vorwurfs ist etwas schwieriger, da sie eigentlich das Wissen darüber voraussetzen würde, was derjenige, der diesen Begriff in Bezug auf Homöopathie gebraucht, eigentlich damit meint. Leider ist das in der Regel (ich kenne keine Ausnahme) recht undifferenziert.
Würde man die ursprüngliche Bedeutung des Begriffes verwenden, so wird damit ein Wissen bezeichnet, das nur einem Kreis von eingeweihten Personen zugänglich ist.
Diese Zuschreibung trifft auf die Homöopathie gewiss nicht zu, denn das erforderliche Wissen steht in Büchern, die frei verkäuflich sind.
Sofern man annähme, dass gewisse Aufnahmeprozeduren für die Einordnung als Esoterik sprächen, wäre dazu zu sagen, dass das für die sogenannte "Schulmedizin" ebenfalls zutrifft und nichts weiter als gewisse Scheine und Prüfungen meint.
Es kann an dieser Stelle nicht auf alle möglichen Bedeutungen des Begriffes "Esoterik" eingegangen werden, da das den Rahmen sprengen würde. Es scheint jedoch, dass der Begriff in Bezug auf die Homöopathie abwertend gebraucht wird, im Sinne von "unverständlich" oder "versponnen" (Wikipedia).
Journalisten sollten sich befleißigen, solche unklaren Begriffe nicht zu verwenden oder zumindest (wie Humpty Dumpty) klarzustellen, welche Bedeutung sie damit verbinden. Ansonsten bleibt es bei einem unklaren und abwertenden Brei von Aussagen.

13: Hokuspokus

Dieses Wort ist ganz sicher abwertend gemeint. Hokuspokus ist ein Zauberspruch, dessen Etymologie nicht vollständig

geklärt ist. Eine Möglichkeit ist die Verballhornung des liturgischen Spruches "Hoc est corpus meum"; mit diesem vermuteten Ursprung verbindet sich bereits eine Abwertung der katholischen Liturgie, die dann durch die Verwendung des Wortes auf andere Gebiete übertragen werden kann. Eine zweite mögliche Herkunft des Wortes hat mit Taschenspielerei zu tun.
In einem seriösen Journalismus sollten solche Worte nicht gebraucht werden, weder in Bezug auf die Homöopathie, noch in anderem Bezug.

14) Magie

Diese Zuschreibung scheint mir wiederum einer simplen "Argumentations"-Figur zu folgen:

Prämisse 1: Es gibt keine Magie (wie jeder weiß).
Prämisse 2: Homöopathie ist Magie.
Konklusion: Es gibt keine Homöopathie.

oder:

Prämisse 1: Magie ist Blödsinn.
Prämisse 2: Homöopathie ist Magie.
Konklusion: Homöopathie ist Blödsinn.

Letzterer ist immerhin ein formal korrekter Syllogismus. Man muss sich natürlich fragen, ob die Prämissen stimmen.
Und man kann sich auch fragen, was denn mit dem Begriff "Magie" gemeint ist. Da gibt es mehrere Möglichkeiten und natürlich versäumen es die Journalisten, die den Begriff gebrauchen, eine solche Differenzierung vorzunehmen.

Bühnenmagie

Wenn der Begriff "Magie" in diesem Sinne gebraucht wird, handelt es sich um einen indirekten Betrugsvorwurf. Der Bühnenmagier gibt vor, bestimmte Dinge auf übernatürliche Weise bewirken zu können, wendet aber einen Trick an. Gleichwohl trägt der Betrugsvorwurf nicht, da das Publikum in der Regel darüber informiert ist, dass es sich um einen Trick handelt, meist ohne zu wissen, wie der Trick funktioniert. Ein harmloses Spiel um Betrug.

Ein zweiter Aspekt ist die Bewunderung, die der Bühnenmagier bekommt. Diesen Narzissmus kann man auch beim Homöopathen nicht ausschließen. Er ist aber weder für die Magie noch für die Homöopathie spezifisch.

Magie als übernatürliche Einflussnahme auf die Welt

Dabei geht es darum, dass der Einzelne versucht, den Gang der Welt zu beeinflussen mit Mitteln, die entweder als unmöglich angesehen werden oder verboten sind.

Wenn man versucht, den Gang der Welt mit Mitteln zu beeinflussen, die dafür nicht taugen, so wird man ganz einfach keinen Erfolg haben und das Problem hat sich von selbst erledigt.

Das Verbot von gewissen Mitteln, die taugen könnten, um solchen Einfluss auf die Welt zu nehmen (wenn wir einmal annähmen, dass es ginge), wäre natürlich problematisch. Man kann es letztendlich nur durchsetzen, wenn man Hexen verbrennt, was heutzutage im physischen Sinne unüblich geworden ist. Verbrennt man sie aber nicht, nutzt das Verbot gar nichts – eher im Gegenteil.

Jenseits dessen kann man auch fragen, was eigentlich "übernatürlich" bedeutet. Da es schwierig ist, eine klare begriffliche Abgrenzung von "Natur" vorzunehmen, ist der Begriff "übernatürlich" wohl noch schwerer zu bestimmen.

Ich stelle mir manchmal die Frage, ob es sich, wenn es mir in einem telekinetischen Experiment gelänge, ein Spielzeugauto in 7 Stunden um zwei Meter zu bewegen[87], um ein natürliches oder ein übernatürliches Phänomen handeln würde. Ich kann

---

[87] Das Beispiel stammt aus dem ersten "Poltergeist"- Film, Regie Tobe Hooper, USA 1982

die Frage nicht beantworten (einmal davon abgesehen, dass ich über keinerlei telekinetische Fähigkeit verfüge)[88]. Diese Frage zu diskutieren, ist hier nicht der Platz.
Zugegeben werden kann jedoch, dass es Praktiken innerhalb der Homöopathie gibt, die man entfernt als magisch bezeichnen kann. Ähnliche Beispiele können aber auch in der naturwissenschaftlich fundierten Medizin gefunden werden (und selbst in der "reinen" Naturwissenschaft)[89].

Magie als psychisches Entwicklungsstadium

Das kann hier nicht ausgeführt werden, aber es sei darauf verwiesen, dass es verschiedene Autoren gibt, die von einer mit Magie in Verbindung stehenden Phase sprechen - sowohl im phylogenetischen wir im ontogenetischen Sinne und bezogen auf z.B. Bewusstseinsentwicklung, Erkenntnismode und Weltanschauung. Ich kann hier nur ein paar Autoren nennen (es gibt mehr), die sich mit diesem Thema befasst haben: FRAZER, GEBSER, PIAGET, WILBER.
Eine Bemerkung sei aber gestattet: Wenn es so ist, dass es ein magisches Bewusstseinsstadium oder ein Stadium des magischen Denkens gibt (wofür viel spricht), so kann man vermuten, dass dieses Stadium in der Entwicklung durchaus seinen Sinn hat, es also nicht von vornherein abgelehnt und als Blödsinn bezeichnet werden sollte. Wenn man Autoren wie GEBSER oder WILBER glaubt, bedeutet das Verlassen eines Stadiums nicht, dass es vollkommen vergessen wird, sondern eher, dass

---

[88] Die einzige übernatürliche Fähigkeit, über die ich verfüge, ist die, dass ich Gegenstände (insbesondere Schlüssel, Brillen und wichtige Papiere) passager in eine-Raum-Zeit-Lücke stoßen kann, so dass sie eine Zeitlang für niemanden auf dieser Welt auffindbar sind. Ich erwähnte es in einer anderen Interpretation bereits.
[89] Ich kann mich aus meiner wissenschaftlichen Zeit gut erinnern, dass ich, als ich mit Zellkulturen arbeitete, kurz mit der Hand darüber wedelte, als ich sie in den CO_2-Inkubator stellte. Genutzt hat es übrigens nichts.

es "aufgehoben" wird (womit ich durchaus die Doppelbedeutung dieses Wortes meine).
Journalisten sollten sich befleißigen, anzugeben, was sie denn mit "Magie" eigentlich meinen.

m) Es gibt keine Studien, die die Wirksamkeit der Homöopathie belegen[90].

Diese Behauptung wird nur noch selten gebraucht, da sie erwiesenermaßen unrichtig ist. Daher wurde sie im Laufe der Zeit durch folgende Behauptung ersetzt:

n) Es gibt keine seriösen (ernst zu nehmenden, wertvollen, belastbaren etc.) Studien, die die Wirksamkeit von Homöopathie belegen.

Diese journalistische Behauptung würde natürlich als Argument gegen Homöopathie sehr ernst zu nehmen sein, wenn sie denn den Tatsachen entspräche. Manchmal scheint sie aus reiner Ignoranz zu bestehen. Oft scheint sie mir aber die Gestalt eines Pseudo-Syllogismus zu haben:

Prämisse 1: Es gibt positive und negative Wirksamkeitsstudien zur Homöopathie.
Prämisse 2: Positiv ausgehende Wirksamkeitsstudien zur Homöopathie sind unseriös.
Konklusion: Es gibt keine seriösen Studien, die die Wirksamkeit von Homöopathie belegen.

Die entscheidende Frage ist, was man unter "seriös" versteht. Und die Frage ist, wer dabei das Sagen hat. Man könnte als Humpty Dumpty beispielsweise definieren, dass alle Studien

---

90 Ich schreibe hier ausdrücklich "belegen", nicht "beweisen", denn mit dem Beweisen ist es außerhalb der reinen Mathematik etwas schwierig (und womöglich auch dort, aber davon verstehe ich nichts).

mit weniger als 100.000 Probanden unseriös sind. Dann gäbe es tatsächlich keine seriösen Studien zur Homöopathie.

Sehen wir uns aber einmal an, welche Studien zur Homöopathie möglich sind und wie es um ihre Seriosität bestellt ist.

- Einzelfallstudien

Solche werden in Homöopathie-Veranstaltungen regelmäßig vorgestellt und sie sind der Homöopathie in hohem Maße angemessen, denn es geht in der Homöopathie (nicht nur in der Homöopathie, sondern auch in der sonstigen ärztlichen Kunst) immer um den konkreten Patienten und die konkrete und individuelle Ausprägung der Krankheitssymptome. Das Muster dabei ist: Der Patient hatte Beschwerden, es wurde ein zu diesen Beschwerden (bzw. zur Persönlichkeit des Patienten) passendes Mittel gegeben und danach gingen die Beschwerden weg (oder eben nicht).
Kritiker der Homöopathie – insbesondere Journalisten – schreiben gern, dass solche Einzelfälle keine Aussagekraft haben, da der Rückgang der Beschwerden an allen möglichen sonstigen Umständen gelegen haben könnte[91].
Ich denke, dass sie in gewissem Maße Recht haben, indem die Aussagekraft – also die Potenz zur Verallgemeinerung – naturgemäß bei Einzelfällen gering ist[92].
Zudem ist die Aussagekraft solcher Einzelfallstudien eben vom Einzelfall abhängig.
Hierzu zwei fiktive Fälle. Der erste könnte so tatsächlich vorkommen, für den zweiten fehlen sichere Belege:

[91] Sie scheuen aber nicht davor zurück, Einzelfälle zu zitieren, in denen die Homööopathie nicht funktioniert hat bzw. durch Homöopathie Schaden entstanden ist.
[92] Man kann allerdings GOETHE zitieren: Was ist das Allgemeine? Der einzelne Fall! Aber das ist halt GOETHE...

Fall 1: Aschermittwoch früh halbelf kommt ein Patient in die Praxis und klagt über Übelkeit, Erbrechen, Kopfschmerzen und Gleichgewichtsstörungen. Der Homöopath gibt Nux vomica C30 und am nächsten Tag geht es dem Patienten wieder gut.

Fall 2
Ein Patient kommt in einem desolaten Zustand. Er kann nicht mehr schlafen, ist verwirrt, hat Halluzinationen und aufsteigende Lähmungen. Andererseits wird er aber auch von Krämpfen befallen. Er kann nicht sprechen und nicht schlucken. Insbesondere der Anblick von Wasser löst Schlundkrämpfe aus. Kleinste Reize können zu Tobsuchtsanfällen führen, bei denen der Patient schlägt, kratzt oder beißt. Er ist vor ca. 8 Wochen von einem Hund gebissen worden.
Der Homöopath gibt Stramonium C200. Drei Tage später sind die Symptome vollständig verschwunden und der Patient kann nach einer Woche Rekonvaleszenz wieder arbeiten.

Die Leserin wird bemerken, dass der Fall 2 von erheblich größerer Aussagekraft hinsichtlich der Wirksamkeit von Homöopathie wäre (wenn es ihn denn gäbe), denn es handelt sich bei diesen Symptomen um die Beschreibung der Tollwut. Die Tollwut des Menschen ist nahezu immer tödlich und in den wenigen Fällen, in denen sie womöglich überlebt wird, bleiben immer schwerste neurologische Schäden zurück. Könnte Homöopathie auch nur in einem einzigen Fall die Tollwut heilen, käme das einem Beweis für die Wirksamkeit ziemlich nahe.

Vom Fiktiven einmal abgesehen haben doch auch tatsächliche konkrete Einzelfälle unterschiedliche Aussagekraft, nicht aber gar keine! Die Behauptung, Einzelfälle hätten gar keine Aussagekraft, ist falsch.
Aber wie auch immer: Auch wenn Einzelfallstudien keine hohe Aussagekraft haben, können sie dennoch seriös im allgemeinen Verständnis des Begriffs (z.B. nach Duden) sein.

- Kumulierte Einzelfallstudien

Man kann solche Einzelfälle sammeln und bewerten, was an zentraler Stelle geschehen sollte und auch tatsächlich vorgenommen wird. Der Nachteil dieses Verfahrens ist der kaum abzuschätzende aber wahrscheinlich äußerst hohe publication bias. Wer sendet schon Einzelfallstudien ein, die über Misserfolge berichten...?

- Kohortenstudien

Mit ihnen kann man den publication bias eingrenzen. Jeder Patient, der homöopathische Behandlung erfährt, nimmt automatisch an der Studie teil. Es wird ein Vorher-Nachher-Vergleich vorgenommen, anhand dessen abgeschätzt werden kann, wie die Behandlung gewirkt hat.
Der Vorteil besteht darin, dass diese Studienart sehr praxisnah und sehr patientennah ist.
Nachteile bestehen darin, dass nur ausgesagt werden kann, ob das "Gesamtpaket" Homöopathie wirkt. Spezifische Wirkungen des Arzneimittels können nicht oder nicht sicher von Kontexteffekten unterschieden werden. Außerdem können Effekte eine Rolle spielen, die außerhalb der homöopathischen Behandlung liegen (z. B. der Entschluss, zusammen mit dem Beginn der homöopathischen Behandlung auch gewisse Änderungen in der Lebensweise vorzunehmen). Die einzelnen Faktoren sind schwer zu trennen.

Es gibt mehrere solcher Studien, die sehr positiv für die Homöopathie ausgegangen sind.
Ihre Seriosität ist meines Wissens nicht angezweifelt worden, ihre Aussagekraft hingegen schon. Man muss aber bedenken, dass die Aussage dieser Studien letztendlich darin besteht, ob es den Patienten nach der Behandlung besser geht oder nicht. Darin besteht der eigentliche ärztliche Auftrag, nicht darin, allgemeingültige Feststellungen zu treffen.

- Kontrollierte Studien

Sie haben natürlich Vorteile. Es ist möglich, einige Unwägbarkeiten immerhin in Grenzen zu halten – durch die Randomisierung – und es ist möglich, den spezifischen Effekt des Arzneimittels von anderen unspezifischen Effekten abzutrennen – durch den Placeboeinsatz. Bei letzterer Behauptung muss aber sogleich wieder ein Einwand angebracht werden:
Da aus ethischen Gründen die Patienten / Probanden über den Studienansatz informiert werden müssen, also auch darüber, dass sie entweder Placebo oder Verum erhalten, wird die Studie notwendigerweise verzerrt. Das Ausmaß und die Richtung dieser Verzerrungen sind schwer abzuschätzen.

Dennoch werden kontrollierte Studien, insbesondere wenn sie im Doppelblind-Design durchgeführt werden, gern als "Goldstandard" bezeichnet und es gibt die Tendenz, überhaupt nur noch solche Studien als aussagekräftig anzusehen.
Es gibt durchaus eine Reihe von Doppelblindstudien mit homöopathischen Arzneimitteln, die eine Überlegenheit des Arzneimittels gegenüber dem Placebo zeigen konnten. Es gibt aber auch solche, die keinen Unterschied zwischen Placebo und Arzneimittel feststellen konnten. Es ist schwierig, bei solch uneinheitlichen Ergebnissen eine einigermaßen sichere Aussage zu treffen.

An dieser Stelle gewinnt der in diesem Kapitel zentrale Begriff der Seriosität oder Qualität wieder Bedeutung. Selbstverständlich sollten Studien von minderer Qualität auch eine mindere Bewertung erhalten.
Die Frage ist wieder einmal, wie Seriosität und Qualität festgestellt werden können, nach welchen Kriterien das geschieht und wer darüber befindet.

Die Frage von Qualität und Seriosität ist schwer durch Messung zu beantworten. Die Beurteilung hängt zunächst einmal stark vom Standpunkt desjenigen ab, der eine Studie diesbezüglich beurteilen will. Es wäre also günstig, objektive Kriterien für Qualität und Seriosität aufzustellen – nun ja, möglichst objektive Kriterien.

Gebräuchlich für diese Einschätzung sind vor allem zwei Skalen: der Jadad-score und die (strengeren) Cochrane-Kriterien.
Zwar kann und sollte die Qualität und Seriosität einer Studie nicht nur nach diesen Kriterien beurteilt werden, sondern muss jeder Studie einzeln folgen, aber wir haben immerhin Instrumente in der Hand, die uns eine grobe Orientierung geben können, die auch Effekte von Voreingenommensein minimieren können. Subjektive Einschätzungen von Qualität und Seriosität können somit ein Stück weit vermieden werden. Das finde ich persönlich ein wenig schade[93], aber die Vorteile von solch verbindlichen Kriterien scheinen zu überwiegen. Allerdings muss man auch wieder die Frage stellen, auf welchen unbewiesenen (und womöglich unbewussten) Grundannahmen diese Kriterien beruhen und ob diese Grundannahmen ebenfalls verbindlich sind.

Auf der Basis von solchen einheitlichen Instrumenten ist dann auch eine zusammenfassende Beurteilung verschiedener Studien möglich, was das nächste Thema sein soll:

- Reviews und Metastudien

Beides sind zusammenfassende Bewertungen mehrerer Studien, wobei die Metastudie eine zusammenfassende statistische Auswertung dieser Studien vornimmt. In Bezug auf die

---

[93] Schade finde ich das deswegen, weil ich bekanntlich die einzige Person bin, die zu einem solchen Urteil befähigt ist und die dennoch durch die verbindlichen Kriterien ungerechtfertigterweise in der Ausübung dieser ungewöhnlichen Fähigkeit ständig behindert und missachtet wird.

Homöopathie gab es mehrere solcher Metastudien. Die meisten haben einen Effekt der Homöopathie nachgewiesen[94], der jenseits des Placebo-Effekts war.
Merkwürdigerweise spiegelt sich das in der journalistischen Berichterstattung nicht wieder – ob es sich nun um schlechte Recherche oder um Voreingenommenheit handelt, sei dahingestellt.

Ein Problem bei diesen Metastudien sind die Ein- und Ausschlusskriterien. Man kann beispielsweise festlegen, dass nur Studien aufgenommen werden, die vier (von fünf möglichen) Punkten auf der Jadad-Scala haben.
Man kann hinsichtlich der Cochrane-Kriterien ähnlich verfahren..
Wir nehmen dann einfach nur Studien mit einem hohen Qualitätsstandard auf. Das heißt aber nicht, dass die Studien, die einen geringeren Qualitätsstandard erfüllen, etwa falsch seien.
Man kann aber noch weitere Kriterien für die Aufnahme oder Nichtaufnahme der Studie einführen. Beispielsweise kann man eine Mindestzahl von Teilnehmern festlegen oder man kann sagen, dass die untersuchten Arbeiten in englischer Sprache verfasst sein müssen (wird praktiziert) oder dass unter den Verfassern eine Frauenquote eingehalten wird oder dass der Hauptverfasser vegan lebt (die letzten beiden Bedingungen werden meines Wissens nicht praktiziert, obwohl es hinsichtlich der Frauenquote durchaus ernst zu nehmende Begründungen gäbe, die ich hier aber nicht weiter erörtern möchte).

Gerade die Metastudien bzw. Reviews, die der Homöopathie Unwirksamkeit bescheinigen, sind da nicht ohne Probleme.
Diese Probleme werden aber im Journalismus nicht thematisiert. Vielmehr wird pauschal behauptet, es gebe keine seriösen / ernstzunehmenden / qualitativ hochwertigen Studien,

---

94 Natürlich gibt es die Möglichkeit des Irrtums, der aber statistisch mit einer Wahrscheinlichkeit belegt werden kann. Mehr geht nicht.

die die Wirksamkeit der Homöopathie nahelegen. Diese Behauptung muss man als falsch bezeichnen. So einfach ist es nicht. Die entsprechenden Berichte sind schlecht recherchiert oder gelogen.
Man kann (Vorsicht: Ironie!) noch einen Schritt weiter gehen und nach Qualitätskriterien für Metastudien fragen. Das könnten dann etwa die EDZER-Kriterien sein. Man muss jedoch aufpassen, dass dadurch kein infiniter Regress entsteht. Interessant wäre in diesem Zusammenhang, zu untersuchen, wie sich die Manipulationsmöglichkeiten zur jeweiligen Stufe des Regresses verhalten.
Ein zweites Problem ist, dass ein und dieselben Studien bzw. Metastudien von Befürwortern und Gegnern der Homöopathie vollkommen unterschiedlich gesehen werden – im Extremfall als Beweis bzw. als Widerlegung nach dem Motto: "Ich habe aber Recht!" – "Nein, ich habe Recht!" – "Nein ich!"..., was so lange weitergehen kann, bis einer der beiden sagt: "Ich mach' dich fertig, du Lügenschwein!" Ich halte es für wünschenswert, dass wir für eine solche Art von Kommunikation besser in den Sandkasten regridieren sollten. Möglicherweise käme alternativ auch die Ergötzung an Ehestreitigkeiten in Frage[95].
Viel mit den Studien zu tun hat das Thema der

o) Evidenz

Ich habe einmal eine Redakteurin eines großen, überregionalen (und als seriös geltenden) Wochenblattes gefragt, warum denn immer nur Contra-Homöopathie-Artikel veröffentlicht würden[96]. Die Antwort war, dass es doch keine Evidenz für die Wirkung der Homöopathie gebe (was ich als überheblich und schulmeisterhaft empfand).

---

[95] Empfehlenswerter Film- und Bühnen-Klassiker: "Wer hat Angst vor Virginia Wolf?" (Edward ALBEE, 1062, Film: Mike NICHOLS, 1966)
[96] Leider kann ich nicht sagen, um welches Blatt es sich handelte, weil mir die Veröffentlichung des Mail-Kontaktes untersagt wurde.

An dieser Stelle muss man den Begriff "Evidenz" ein wenig näher untersuchen. Wikipedia sagt uns folgendes:

> *Evidenz bezeichnet das dem Augenschein nach unbezweifelbar Erkennbare oder die unmittelbare, mit besonderem Wahrheitsanspruch auftretende vollständige Einsicht.*

Den *besonderen Wahrheitsanspruch* möchte ich auslassen, weil ich damit keine Erfahrung habe und auch nicht so richtig weiß, was damit gemeint ist.
Aber das dem Augenschein nach unbezweifelbar Erkennbare – das kenne ich auch: Dem Augenschein nach dreht sich unbezweifelbar die Sonne um die Erde.
Dieser Begriff von Evidenz meint wohl Gegebenheiten, die so klar auf der Hand liegen, dass sie keines Beweises bedürfen. Damit, dass das auch der Wahrheit entspricht, muss das nicht einhergehen.

Aus dem englischen Sprachraum ist aber dann offenbar ein anderer Begriff ("Evidence") zu uns gekommen und hat unseren schönen und unklaren Evidenz-Begriff korrumpiert, so dass wir entweder annehmen müssen, dass Evidenz eben gerade der Beweis ist oder dass wir in eine Verwirrung verfallen, aus der es keinen Ausweg mehr gibt.
Hier hat offenbar ein Bedeutungswandel eines Begriffes stattgefunden, ohne dass wir davon informiert worden wären. Ist das eine Aktion des Ministeriums für Wahrheit?
Aber ich möchte mich auf diesen neuen Begriff von Evidenz einlassen und insbesondere seine medizinische Seite betrachten: Wir unterscheiden verschiedene Evidenzgrade (Quelle: Wikipedia):

- Stufe Ia: Wenigstens eine Metaanalyse auf der Basis methodisch hochwertiger randomisierter, kontrollierter Studien

- Stufe Ib: wenigstens ein ausreichend großer, methodisch hochwertiger RCT
- Stufe IIa: wenigstens eine hochwertige Studie ohne Randomisierung
- Stufe IIb: wenigstens eine hochwertige Studie eines anderen Typs, quasi-experimenteller Studie
- Stufe III: mehr als eine methodisch hochwertige nichtexperimentelle Studie wie etwa Vergleichsstudien, Korrelationsstudien oder Fall-Kontroll-Studien
- Stufe IV: Meinungen und Überzeugungen von angesehenen Autoritäten (aus klinischer Erfahrung); Expertenkommissionen; beschreibende Studien
- Stufe V: Fallserie oder eine oder mehrere Expertenmeinungen

Formal sollte man sagen, dass es mehrere Metastudien zur Homöopathie gibt, die positiv ausgegangen sind und dass damit die Evidenzstufe 1a erreicht wird. So klar ist es aber denn doch nicht, denn es gibt auch Metastudien bzw. Reviews, die das Gegenteil besagen.

Mehr noch: Sowohl die negativen als auch die positiven Metastudien bzw. Reviews wurden von der jeweiligen "Gegenseite" angegriffen und neu interpretiert, so dass die Situation für Laien (und das sind auch die meisten Journalisten) vollkommen unüberschaubar ist.

Dieser Verwirrung wird aber in der journalistischen Praxis nicht Rechnung getragen. Hier gilt die eindeutige Meinung: keine Evidenz für Homöopathie!

Wenn wir die Metastudien weglassen, bleiben die RCTs[97]. Wenn wir die großzügig auch noch weglassen (obwohl es eine Reihe von RCTs gibt, die positiv für die Homöopathie ausgegangen sind – sonst wäre ja gar keine Metaanalyse möglich

[97] Randomized clinical trial. Weder der Arzt noch die Patienten wissen, ob sie ein Placebo erhalten oder das Mittel, von dem eine Wirksamkeit angenommen wird.

gewesen), bleiben nicht randomisierte Studien. Bei diesen schneidet die Homöopathie ziemlich gut ab. Solche Studien dürften dem Evidenzgrad 2a entsprechen.
Das bedeutet aber nicht, dass es etwa keine Evidenz gäbe! Journalisten sollten sich befleißigen, diese Dinge sachgerecht darzustellen und das angebliche Fehlen von Evidenzgrad 1a oder 1b nicht mit dem völligen Fehlen von Evidenz gleichzusetzen, zumal sie gerne mit Argumenten operieren, die dem Evidenzgrad fünf entsprechen: Expertenmeinungen (wobei man durchaus anzweifeln kann, dass es sich hier tatsächlich immer um Experten handelt)[98].

Es ist auch nicht ganz einfach (will nicht sagen: unmöglich), das Design von pharmakologischen RCTs auf Homöopathie zu übertragen. Die eine Sache ist zu fragen, ob Aspirin bei Kopfschmerzen wirkt, eine andere Sache ist zu fragen, ob Homöopathie bei Kopfschmerzen wirkt. Eine ganze Methode auf den Prüfstand zu stellen erfordert wahrscheinlich eine modifizierte Herangehensweise (so wie immer die Untersuchungsmethode der therapeutischen Methode angepasst werden sollte). Dabei ist möglicherweise nicht immer der Doppelblindversuch die geeignetste Methode, obwohl er immer wieder als "Goldstandard"[99] bezeichnet wird.

Die bisher dargestellten Möglichkeiten von Studien haben allesamt einen entscheidenden Nachteil: Studienobjekte sind immer Menschen und Menschen sind bekanntlich auch Subjekte. Es könnte zum Beispiel sein, dass im nicht Placebo-

---

[98] Wenn etwa der als Interviewpartner gegen Homöopathie sehr beliebte Norbert AUST, seines Zeichens promovierter Ingenieur, als Experte bezeichnet wird, sind gewisse Zweifel angebracht. Wohl kann er über die veröffentlichten Studien sich ein Urteil bilden, in der praktischen Behandlung von Patienten ist er hingegen unerfahren (er dürfte das ja auch gar nicht). Der ärztliche Beruf umfasst aber beide Seiten.
[99] Interessanterweise ist die Währungsordnung weltweit vom Goldstandard abgerückt. Der Standard, der einmal für gut befunden wurde, muss es also nicht unter allen Bedingungen bleiben.

kontrollierten Design Patienten auf die Frage, wie es ihnen nach der Gabe des homöopathischen Arzneimittels geht, nicht immer ganz die Wahrheit sagen – aus bewussten oder unbewussten Motiven. Es ist etwa vorstellbar, dass jemand das Ausmaß der Besserung übertreibt, um sich unbewusst das Wohlwollen des Arztes zu sichern. Es könnte auch sein, dass jemand sehr skeptisch in Bezug auf die Homöopathie war und dem Vorschlag der homöopathischen Therapie gerade einmal so zugestimmt hat. Da könnte eine Unterbewertung einer tatsächlich eingetretenen Besserung vorliegen. Und es gibt sicher noch viele weitere Möglichkeiten, die in der Subjektivität von Patient und Arzt begründet liegen.[100]

---

[100] Ich habe mir einmal ein Studiendesign ausgedacht, mit dem man die Wirkung von Hypericum perforatum C30 bei Quetschungen untersuchen könnte. Meine Erfahrung als Homöopath besagt nämlich, dass Hypericum C30 praktisch immer wirkt, wenn Finger in Autotüren... oder ähnliches... Mein Designansatz beruhte auf der Tatsache, dass wir zwei Daumen haben und daher einen intraindividuellen Vergleich ausführen können: Aus einer definierten Höhe wird ein Gewicht (sagen wir: ein Hammer) auf den Daumen fallen gelassen. Unmittelbar danach erhält der Proband randomisiert für den Versuch am rechten/linken Daumen Verum/Placebo und wird aufgefordert, die Schmerzstärke nach fünf Minuten zu skalieren. Das Studiendesign hat nebenher den Vorteil, dass gewisse sadistische Neigungen des Studienleiters befriedigt werden können (ich halte gewisse sadomasochistische Neigungen für die Entscheidung, Medizin zu studieren, als förderlich; ausgeprägter ist das natürlich bei Zahnmedizinern).
Ich musste allerdings feststellen, dass dieses Studiendesign ungeeignet ist, indem es wahrscheinlich Verzerrungen dadurch gäbe, dass Gegner der Homöopathie dazu tendieren würden, den Schmerz in beiden Daumen als gleich einzustufen, während Homöopathen eher einen bedeutenden Unterschied wahrnehmen würden (ob der nun zugunsten des Verums ausgehen würde oder zufallsverteilt ist, steht auf einem anderen Blatt). Die Randomisierung hinsichtlich Placebo und Verum wäre wohl richtig, aber sie wäre nicht ausreichend. Man stelle sich aber vor, dass ein Homöopathie-Gegner eine solche (doppelt verblindete) Untersuchung vornähme und dazu Mitglieder der "Skeptiker"-Bewegung GWUP rekrutierte (weil diese bekanntlich am objektivsten sind). Meine Erfahrung wäre durch einen negativ ausgehenden Doppelblindversuch abgeschmettert worden. Ein Humpty-Dumpty-Journalist würde daraus die Schlussfolgerung ziehen, dass wissenschaftlich erwiesen ist, dass Hypericum bei eingeklemmten

Schöner wären natürlich Versuche, in denen die Subjektivität eine marginale Rolle spielt – etwa in-vitro- oder ex-vivo-Versuche. Davon gibt es leider nur wenige. Es wäre sehr interessant, weitere in vitro-Versuche auszuführen, die einen Effekt von hoch potenzierten Stoffen nachweisen können und auch noch reproduzierbar sind.
Allerdings begibt man sich als Wissenschaftler, der im Labor arbeitet, mit solchen Dingen auf sehr gefährliches Terrain. Solche Ergebnisse werden mit Sicherheit sehr viel misstrauischer betrachtet als jene, die in das herrschende Paradigma passen[101]. Aber es gibt sie. Darüber wird journalistisch fast nie berichtet.
Wichtig ist in diesem Zusammenhang, dass etwa der Nachweis eines Unterschieds zwischen potenzierten und auf andere Weise verdünnten Testreihen noch nichts über die Ursache dieses Unterschieds besagen würde (bzw. besagt).
Ich sprach gerade davon, dass das Design von Studien irgendwie zu der untersuchten Fragestellung passen sollte und dass das nicht immer beachtet wird. Gewissermaßen wird so die artgerechte Haltung von Homöopathen verunmöglicht.
Dieser Gedanke führt mich zu einer weiteren Argumentation gegen die Homöopathie:

p) homöopathische und allöopathische Arzneimittel sollten in der Zulassung gleich behandelt werden.

Diese Forderung kommt der Forderung nach einem Verbot von homöopathischen Arzneimitteln gleich.

Fingern nicht hilft. Ein Humpty-Dumpty-Journalist zweiter Ordnung würde folgern, dass Homöopathie insgesamt nichts taugt.

[101] Möglicherweise (Vorsicht: Spekulation!) gibt es auf diesem Gebiet sogar einen umgekehrten publication bias. Es könnte sein, dass sich manche nicht trauen, solche Ergebnisse zu veröffentlichen, die nicht zum Mainstream passen oder gar die Homöopathie stützen könnten. Ich gehöre übrigens zu ihnen. Vor etwa 28 Jahren habe ich entsprechende in vitro-Ergebnisse nicht schriftlich veröffentlicht, aus Furcht um meine wissenschaftliche Reputation, von der ich damals noch glaubte, sie zu benötigen.

Ich erwähnte bereits die Frage, ob Aspirin bei Kopfschmerzen wirkt. Diese kann leicht durch eine Studie geklärt werden. Der normale Verlauf eines Zulassungsverfahrens ist gewährleistet. Eine andere Frage wäre, ob Natrium muriaticum gegen Kopfschmerzen hilft. Hier haben wir mehrere Probleme:
Zum einen sind für Kopfschmerzen sehr viel mehr Arzneimittel geeignet (das Repertorium listet ca. 800 auf, wenn die Kopfschmerzen nicht weiter differenziert sind). Andererseits ist aber Natrium muriaticum für die Behandlung von weit mehr Krankheiten geeignet.
Wenn wir nur von 100 Krankheiten reden, für die nur 100 homöopathische Arzneimittel in Frage kommen, würde das 10.000 Studien erfordern. Es gibt aber mehr Diagnosen und wesentlich mehr homöopathische Arzneimittel als nur jeweils 100. Das heißt, dass ein konventionelles Zulassungsverfahren für homöopathische Arzneimittel nicht erfüllbar ist. Würde ein solches gefordert, müssten homöopathische Arzneimittel verboten werden.
Hinzu kommt, dass die Studie "Natrium muriaticum bei Kopfschmerzen" mit großer Wahrscheinlichkeit keinen Unterschied zum Placebo ergeben würde, weil eben noch ca. 800 weitere Arzneimittel zur Auswahl stehen. Deren Differenzierung ist die Aufgabe der Homöopathen.

Wie oben schon gesagt: Homöopathen sollten artgerecht gehalten werden.

Ich wiederhole: Die Forderung, der Homöopathie ihren Sonderstatus zu entziehen, ist die Forderung nach dem Verbot der homöopathischen Arzneimittel – und damit der Homöopathie[102].
Während bei den bisher genannten kritischen Argumenten durchaus eine Diskussion möglich ist (insbesondere bei der

[102] Sehen wir einmal ab von einer von mir als absurd empfundenen Idee von Natalie GRAMS, die so ungefähr meint, Homöopathie sei schon ganz ok, nur sollte man die homöopathischen Mittel weglassen.

Frage der Studien), komme ich jetzt zu ein paar Argumenten gegen die Homöopathie, hinsichtlich derer ich zwar auch zu einer Diskussion bereit wäre, sie aber nicht wirklich sinnvoll finde:

q) Placeboeffekt

Hier geht es darum, wie Gegner der Homöopathie das merkwürdige Phänomen erklären, dass Homöopathie in der Wahrnehmung der Ärzte und der Patienten einen positiven Effekt hat. Ganz wegwischen kann man das nämlich mittlerweile nicht mehr.

Man liest häufig, dass homöopathische Arzneimittel eine reine Placebowirkung haben. Es ist natürlich logisch problematisch, von einer Wirkung zu sprechen, die nicht über die eines Placebos hinausgeht, indem ja das Placebo gerade keine Wirkung entfalten soll.

Noch schwieriger wird es, wenn, wie geschehen, behauptet wird, die Wirkung von homöopathischen Arzneimitteln sei höchstens der von Placebo gleich. Wenn nun die Wirkung von Placebo definitionsgemäß gleich Null ist, lässt sich eine noch geringere Wirkung kaum vorstellen. Es sei denn, wir würden über die Richtung der Wirkung reden. Wenn man unter Wirkung eine Heilwirkung verstünde und wenn das Placebo keine Heilwirkung hätte, dann wäre die mit dem Wort "höchstens" implizierte geringere Heilwirkung als Null eine Schadwirkung und als solche immerhin doch eine Wirkung.
Das ist verwirrend.
Sehen wir uns mögliche Definitionen von Placebo an:

Da wäre zunächst die Übersetzung der Britannica: *an inert, or dummy, drug.*

oder Wikipedia:

ein Arzneimittel, das keinen Arzneistoff enthält und somit auch keine pharmakologische Wirkung hat, die dadurch verursacht werden könnte.

Laut der Wikipedia-Definition wären homöopathische Arzneimittel jenseits einer gewissen Potenz per definitionem Placebos und es würde überhaupt keinen Sinn machen, sie gegen anderes Placebo zu testen. Es würde sich bereits bei der Fragestellung um eine Tautologie handeln.

Man kann von dieser Definition einen Schritt zurückgehen (wobei man sich in etwa mit der Britannica-Definition trifft): Placebo ist inert bzw. hat keine pharmakologische Wirkung. Auch hier kommen wir zu einer Tautologie, die allerdings einen Ausweg aufweist:
Nach dem wissenschaftlich-pharmakologischen Bild der Dinge kann ein homöopathisches Arzneimittel keine pharmakologische Wirkung haben, weil nichts drin ist, denn das wissenschaftlich-pharmakologische Bild der Dinge geht von biochemisch-stofflichen Effekten aus und beschreibt ausschließlich diese. Da haben wir die Tautologie erneut: Hochpotenzen enthalten keinen Wirkstoff und können daher auch keinen biochemisch- stofflichen Effekt haben.
Der Unterschied der zwei Auffassungen ist gering: Inert heißt, keinen Effekt zu haben. "Keine pharmakologische Wirkung" ist spezifischer, indem die Wirkung bereits eingegrenzt wird.
Das hat zwei Folgen:
Erstens könnte es Wirkungen des Arzneimittels geben, die nicht von pharmakologischer Natur sind und zweitens beschreibt die gegenwärtige Pharmakologie als Teil einer naturwissenschaftlich fundierten Medizin zwar die Interaktion von konkreten Stoffen in messbaren Mengen und in einer ermittelbaren Dosis-Wirkungs-Beziehung, aber es ist nicht ausgeschlossen, dass es künftig eine erweiterte Pharmakologie geben könnte, die nicht mehr nur stofflich fassbare Mengen im Fokus hat und auch nicht unbedingt eine eindeutige Dosis-

Wirkungs-Beziehung aufstellen kann[103]. Auf welcher Basis eine solche Pharmakologie stehen würde, kann ich nicht sagen. Wüsste ich es, so könnte ich womöglich sagen, wie Homöopathie im Sinne dieser neuen Pharmakologie funktioniert und hätte den nächsten Nobelpreis in der Tasche.

Ich möchte diese fürchterliche Verwirrung jetzt beenden, indem ich einen Vorschlag hinschreibe, was man unter einem Placeboo verstehen könnte oder sollte:

Da mir der allgemeine Placebo-Begriff zu verwirrend und zu schwammig ist, möchte ich ihn einengen: Placebo ist das, was im Doppelblindversuch als Kontrolle eingesetzt wird[104].

Das, was im Doppelblindversuch eingesetzt wird, sollte keine Wirkung haben. Sprich: keine mit dem gegenwärtigen Stand unseres Wissens vorstellbare Wirkung.

Der Gag ist, dass das Placebo eben doch eine Wirkung hat. Eine Wirkung, die nicht zum gegenwärtigen Stand unseres Wissens passt.

Und die braucht eine Erklärung. Da es definitionsgemäß keine Wirkung sein kann, die mit dem Stand unseres gegenwärtigen Wissens übereinstimmt, muss es etwas anderes sein. Was sich da anbietet, lässt sich am besten mit den Worten "irgendwie psychisch" beschreiben, denn bei aller Forschung über den Placebo-Effekt wissen wir immer noch nicht wirklich, wie er zustande kommt, außer dass wir eben "irgendwie psychisch"[105] vermuten.

---

[103] Es ist bereits bekannt, dass die Dosis-Wirkungs-Beziehung nicht immer linear ist.

[104] Hier müsste eigentlich als Unterschrift "Humpty Dumpty" stehen, denn dieser Placebo-Begriff weicht von dem allgemein gebräuchlichen ab. Dieser allgemein gebräuchliche Begriff ist aber wiederum zu schwammig, als dass man mit ihm wirklich etwas anfangen kann, so dass mir diese Einengung doch als gerechtfertigt erscheint. Und vor allem bin ich im Gegensatz zu Humpty Dumpty bereit, darüber zu diskutieren (und ich habe nicht das Sagen).

[105] Man könnte dieses "irgendwie psychisch" durchaus mit HAHNEMANNs "geistartiger Wirkung" zusammenbringen.

Meines Erachtens sind diejenigen Gegner der Homöopathie, die sich insbesondere auf die Placebo-Hypothese berufen, in einer merkwürdigen Situation: Sie versuchen ein Phänomen, das sie nicht verstehen, zu erklären durch ein anderes Phänomen, das sie ebenfalls nicht verstehen.
Beide Formen des Nichtverstehens sind nicht so schlimm – solange man das zugibt.
Bei Journalisten ist in der Regel mit der Behauptung, Homöopathie sei nichts anderes als Placebo, Schluss. Q.e.d. Weiteres Nachdenken findet nicht statt.

Wenn wir aber zum eigentlichen Thema zurückkehren, nämlich der Frage, was in der Homöopathie wirkt, so lässt sie sich leicht beantworten: Es ist entweder das homöopathische Arzneimittel allein oder es sind Kontexteffekte allein oder es ist beides. Den Begriff "Kontexteffekte" ziehe ich dabei dem Begriff "Placeboeffekt" vor.
Da Kontexteffekte bei einem Patienten, der bei Bewusstsein ist, immer auftreten, reduziert sich die Frage darauf, ob es nur Kontexteffekte sind oder eine Kombination von Kontexteffekten und spezifischen Effekten des homöopathischen Arzneimittels.
Dummerweise ist beides nicht leicht zu trennen.

Wenn wir einmal hypothetisch annähmen, dass Homöopathie ein reiner Kontexteffekt sei, dann erhöbe sich die Frage: "Kontext wovon?"
Wenn es ein Kontext von gar nichts wäre, dann könnte man, wie Natalie GRAMS vorschlägt, das homöopathische Arzneimittel auch weglassen[106]. Möglicherweise würde dann aber der "Superplacebo-Effekt", den die gleiche Natalie GRAMS für die Homöopathie reklamiert hat, verloren gehen.

---

[106] GRAMS, N.: "Homöopathie neu gedacht. Was Patienten wirklich hilft", Berlin, Heidelberg 2015

Könnte das homöopathische Arzneimittel eine Art Projektionsfläche für Arzt und Patient sein, die irgendwie eine intensivere Kontextwirkung ausübt – bis hin zur Heilung?
Wenn es so wäre und wir dann das Mittel wegließen, müsste ein großer Teil der Kontextwirkung verloren gehen.

Aber das ist nur eine Versuchshypothese. Es gibt zu viele Anhaltspunkte dafür, dass es doch in erster Linie das Mittel ist, was wirkt.
Ich will noch einen Schritt weiter gehen: Träfe diese Versuchshypothese zu, dann würde ihre Kenntnis die Homöopathie vernichten, weil sie dann nicht mehr funktionieren könnte.

Könnte man nicht über diese Zusammenhänge (und weitere) mit Journalisten reden? Könnte man das alles nicht der Allgemeinheit vermitteln? Aber wir lesen immer nur wieder: "Homöopathie ist nichts weiter als Placebo." Das ist so unerträglich oberflächlich!

r) Scientabilität

Es handelt sich um ein Konzept, dass von den Journalisten WEYMAYR und HEIßMANN[107] vertreten wird. Scientabilität könnte man vielleicht mit "Wissenschaftsfähigkeit" übersetzen. WEYMAYR und HEIßMANN meinen damit offenbar in erster Linie die Fähigkeit zur Naturwissenschaft.
Vom Wort her kann man darunter zweierlei verstehen: Zu einen die Frage, ob der Gegenstand, der zur Untersuchung steht, überhaupt geeignet ist, mit den Methoden der Wissenschaft untersucht zu werden. Beispielsweise wäre es größtenteils unangemessen, religiöse Fragestellungen mit den Methoden der Naturwissenschaft zu untersuchen. Dafür sind die Theologie und vielleicht die Sozialwissenschaft und die

---

107 WEYMAYR, C. und N. HEIßMANN: "Die Homöopathie-Lüge. So gefährlich ist die Lehre von den weißen Kügelchen", München 2012

Psychologie (wenn auch in verschiedener Weise) zuständig (wobei es sich bei diesen Fachgebieten durchaus auch um Wissenschaften handelt, nur eben nicht um Naturwissenschaften). Diese Frage der Zuständigkeit entspräche in gewisser Hinsicht meiner oben genannten Forderung, die Fragestellung und die Untersuchungsmethode sollte dem Untersuchungsgegenstand angemessen sein.

Das ist es aber wohl nicht, was die genannten Autoren meinen. Vielmehr ist es zweitens (wenn ich richtig verstehe) so, dass die Autoren fordern, Untersuchungsgegenstände, die den (sogenannten) gesicherten wissenschaftlichen Erkenntnissen widersprechen, fallen gelassen werden sollten[108]. So sollten, da die Homöopathie solchen gesicherten wissenschaftlichen Erkenntnissen widerspricht, auf diesem Gebiet keine weiteren Untersuchungen vorgenommen werden und die Homöopathie insgesamt verlassen werden.

Ich halte das für ein recht problematisches Konzept, insbesondere aus dem Grund, dass Wissenschaft (worunter ich hier einmal WEYMAYR folge, indem ich damit jetzt in erster Linie Naturwissenschaft meine) ein historisches Geschehen ist und sich das gesichterte Wissen durchaus auch ändern kann. Aber es ist etwas daran an WEYMAYRS Auffassung (wie so oft an problematischen Auffassungen auch etwas ist):

Um ein schon mehrfach genanntes Beispiel noch einmal zu strapazieren: Es macht wenig Sinn, weitere Untersuchungen zu der Frage anzustrengen, ob der Mond aus grünem Käse besteht. Wir haben gesichertes Wissen darüber, dass dem nicht so ist.

Karl POPPER hat den offenen Disput über wissenschaftliche Fragen befürwortet. Allerdings findet der sein Ende, wenn eine Frage ein für alle Mal entschieden ist.

---

[108] Dem kann man ein kleines Zitat von John Stuart MILL entgegenstellen: *Die verhängnisvolle Neigung der Menschen über etwas, was nicht mehr zweifelhaft ist, nicht länger nachzudenken, ist die Ursache der Hälfte aller Irrtümer.*

Ludwig FLECK und Thomas KUHN sind sich da nicht so sicher. Es könnte ja sein, dass innerhalb eines bestimmten Denkstils und Denkkollektivs bzw. innerhalb eines herrschenden Paradigmas eine wissenschaftliche Frage ein für allemal entschieden ist, dass es aber einen anderen Denkstil bzw. ein anderes Paradigma gibt, innerhalb dessen das gar nicht so ist. Bei Thomas KUHN kann das neue Paradigma eben durch die neue Beantwortung der im alten Paradigma als irrelevant ausgeschlossenen oder als endgültig beantworteten Frage das alte revolutionär ablösen.
In Bezug auf die Homöopathie bedeutet diese konventionelle Meinung z.B., dass es keine geistartige Wirkung homöopathischer Arzneien gibt bzw. dass diese Annahme einer geistartigen Wirkung den gesicherten Erkenntnissen der Naturwissenschaft widerspricht. Und weiterhin bedeutet die Annahme einer geistartigen Wirkung, dass das bisherige naturwissenschaftliche Weltbild stürzen würde.

Dazu mag ich nur sagen: Na und?

Könnte es nicht sein, dass das, was HAHNEMANN mit "geistartige Wirkung" umschrieben hat, ein reales Phänomen ist, das wir bisher nur nicht erklären können (und das er womöglich etwas ungeschickt formuliert hat), das womöglich das wissenschaftliche Weltbild erweitern könnte[109]? Dann würde tatsächlich das wissenschaftliche Weltbild stürzen, aber nicht, um vernichtet, sondern um eben erweitert zu werden. Davor muss man eigentlich keine Angst haben. Man sollte sich als Wissenschaftler freuen.
Paul FEYERABEND, der dritte Wissenschaftstheoretiker, den ich hier als philosophischer Laie erwähnen möchte, will die Art und Weise der Gewinnung von wissenschaftlichen Erkenntnissen noch mehr aufweichen, da eine Beschränkung auf Me-

[109] Womöglich wäre es ja sogar geeignet, dass zur Erklärung der Welt auch Ansichten geeignet sind, die sich ganz jenseits von Naturwissenschaft befinden? Aber das ist nun wirklich Spekulation.

thoden auch eine Begrenzung der erwerbbaren Erkenntnisse bedeutet. Die Frage nach der Grenze, jenseits der eine Hypothese als "Grüner-Käse-Hypothese" bezeichnet und daher ausgesondert werden muss, beantwortet er radikal mit seinem berühmten Satz "anything goes". Dieser Radikalität mag ich nicht unbedingt zustimmen, weil der Mond nun einmal nicht aus grünem Käse besteht, aber dafür habe ich das Problem, dass ich eine Grenze bestimmen müsste, die ich nicht bestimmen kann.

Ich möchte als Abschluss dieser Kommentierung zu WEYMAYRS Vorschlag FEYERABEND zitieren, wie er seinerseits den bereits erwähnten John Stuart MILL zusammenfassend zitiert:

> *Der Pluralismus von Auffassungen und Lebensformen wurde von John Stuart Mill aus vier verschiedenen Gründen befürwortet. Erstens, weil eine Auffassung, für deren Verwerfung es Gründe gibt, doch wahr sein kann. Das leugnen heißt Unfehlbarkeit für den Menschen in Anspruch nehmen. Zweitens, weil eine problematische Auffassung etwas Wahres enthalten kann und das gewöhnlich auch tut; und da die allgemeine oder herrschende Meinung über irgend einen Gegenstand selten oder nie die ganze Wahrheit ist, darum hat der Rest der Wahrheit nur im Zusammenprall entgegengesetzter Meinungen eine Chance. Drittens wird auch eine Auffassung, die vollständig wahr ist, bei mangelnder Kritik wie ein Vorurteil vertreten, mit wenig Verständnis oder Gefühl für ihre Vernunftgründe. Und viertens versteht man nicht ihren Sinn; das Bekenntnis zu ihr wird zu einer bloßen Formalität, wenn kein Gegensatz zu anderen Meinungen zeigt, worin dieser Sinn besteht.*

Kommentar: 100 % d accord! Man könnte meinen, hier spräche Sokrates.

Mit Sokrates haben die sogenannten führenden Medien freilich wenig zu tun. Sie folgen eher dem Humpty-Dumpty-Modus.

s) Verrat an den Prinzipien der Aufklärung

Hierzu sollen zwei Bemerkungen angebracht werden:
Erstens sei gesagt, dass ich mich nicht erinnern kann, während meiner Ausbildung oder bei der Approbation auf eine bestimmte geistesgeschichtliche Strömung geschworen zu haben, woraufhin ich sie auch nicht verraten kann[110].
Zweitens (und wichtiger):
Wenn man KANTs bekannter Definition von Aufklärung[111] folgt, könnte man durchaus annehmen, dass Aufklärung gerade durch Verrat charakterisiert ist: Verrat an überkommenen Lehrmeinungen und Dogmen zu Gunsten des Selbst-Denkens. Man könnte auch sagen, das Selbst-Denken notwendig Verrat zur Folge haben muss. Verrat an einer Geistesrichtung anzu-

---

[110] Nun gut, ganz stimmt das nicht. Ich erhielt meine Approbation in der sogenannten DDR. Da war nicht von Aufklärung, sondern eher von der Diktatur des Proletariats die Rede. Ich habe den Text nicht mitgesprochen und die Finger hinter dem Rücken gekreuzt. Später schworen ein paar von uns im kleinen Kreis den Hippokratischen Eid. Nun gut, bei Hippokrates kann man vielleicht ein paar aufklärerische Sachen erkennen, aber der Kerngehalt ist unabhängig davon.
Insofern ich damit Verrat an den Prinzipien des sogenannten Sozialismus der sogenannten DDR und der Diktatur der Arbeiterklasse begangen haben sollte, bin ich stolz darauf.

[111] Um zu erinnern: *Aufklärung ist der Ausgang des Menschen aus seiner selbstverschuldeten Unmündigkeit. Unmündigkeit ist das Unvermögen, sich seines Verstandes ohne Leitung eines anderen zu bedienen. Selbstverschuldet ist diese Unmündigkeit, wenn die Ursache derselben nicht am Mangel des Verstandes, sondern der Entschließung und des Muthes liegt, sich seiner ohne Leitung eines anderen zu bedienen. Sapere aude! Habe Muth, dich deines eigenen Verstandes zu bedienen! ist also der Wahlspruch der Aufklärung.* Interessant ist auch, dass "Aude sapere" auch ein Wahlspruch der Homöopathie ist.

nehmen, die Verrat zu einem ihrer zentralen Bestandteile erklärt hat, ist ein absurdes Konstrukt.

t) Geld

Ein häufig gebrauchtes Argument gegen die Homöopathie, welches tatsächlich zutrifft, ist, dass sowohl Homöopathen als auch homöopathische Arzneimittelfirmen Geld mit ihrer Tätigkeit verdienen.
Immer wieder lesen wir in der Presse, dass mit Homöopathie Geld verdient wird. Wie schäbig ist das[112]!
Dummerweise ist diese Tätigkeit für die überwiegende Mehrheit der Homöopathen auch ihr Lebensunterhalt, was bedeutet, dass sie damit Geld verdienen müssen.
Reden wir über Größenordnungen. Die Honorierung von homöopathischen Behandlungen bewegt sich in etwa in der gleichen Größenordnung wie die von Psychotherapeuten. Beide Methoden sind sich ja auch insofern ähnlich, dass der Hauptanteil der zeitlichen Arbeit im Gespräch besteht, wozu bei beiden noch Vor- und Nachbereitung kommt. Psychotherapeuten sind in Deutschland nicht gerade als die Spitzenverdiener im medizinischen Bereich bekannt. Gleiches gilt für Homöopathen (bzw. für den homöopathischen Teil der Praxis). Es ist nicht so, dass wir am Hungertuch nagen, aber es gibt durchaus Methoden, mehr Geld zu verdienen, auch innerhalb der Medizin. Ich habe einmal meinen Stundenlohn (nach Kosten, vor Steuern) ausgerechnet. Er lag bei 20 Euro – bei einer etwa zu gleichen Teilen homöopathisch und psychotherapeutisch orientierten Praxis.

---

112 Ich muss gestehen, dass ich dieses Argument eigentlich richtig finde. Meine Auffassung ist, dass kein Arzt einen finanziellen Vorteil haben sollte, wenn er die eine statt der anderen Therapie empfiehlt. Einzig zählen sollte, was dem Patienten hilft und möglichst wenige Nebenwirkungen hat. Dafür sollte er auch ein anständiges Honorar erhalten - unabhängig von der gewählten Methode. Wie das am vernünftigsten realisierbar ist, weiß ich nicht.

u) Lügner und Betrüger

Hier kommen wir endlich am Bodensatz der "Argumente" gegen Homöopathie an.

Der Vorwurf der Lüge wurde meines Wissens erstmals indirekt erhoben, als im Gefolge der Shang-Studie[113] (eine Metastudie, die negativ für die Homöopathie ausgegangen ist), die Forderung laut wurde, Homöopathen sollten ihren Patienten endlich die Wahrheit sagen, nämlich, dass Homöopathie nicht funktioniert[114]. Das muss man noch nicht als den Vorwurf der Lüge bezeichnen.
Später hat der bekannte Homöopathie-Kritiker Edzard Ernst den Vorwurf geäußert, Hömöopathen lögen wie gedruckt, der auch im SPIEGEL veröffentlicht wurde[115].
Es gibt aber auch Beispiele, in denen von Journalisten nicht nur Experten ("Experten") zitiert werden, sondern Journalisten direkt Homöopathen der Lüge oder des Betrugs bezichtigen.

Nachhilfe zum Thema Irrtum und Lüge (an die Adressen der betreffenden Journalisten – insbesondere an Weymayr und Heißmann, die ihr Buch ja "Die Homöopathie-Lüge" genannt haben):

Wenn ich als Homöopath der Überzeugung bin, dass die von mir verwendete Methode sinnvoll ist (Patienten helfen kann), dann ist es möglich, dass ich mich dabei irre.

---

[113] Shang, Aijing, Karin Huwiler-Müntener, Linda Nartey, Peter Jüni, Stephan Döring, Jonathan AC Sterne, Daniel Pewsner and Matthias Egger: "Are the clinical effects of homoeopathy placebo effects? Comparative study of placebo-controlled trials od homoeopathy and allopathy." Lancet 366 (2005), S.726-732
[114] Interessanterweise ist eben diese Studie in den Verdacht der Manipulation geraten.
[115] http://www.spiegel.de/spiegel/print/d-71558786.html
Die Formulierung "lügen wie gedruckt" finde ich in diesem Zusammenhang pikant.

Wenn ich hingegen der Überzeugung bin, dass Homöopathie Blödsinn ist und sie trotzdem anwende, wäre ich ein Betrüger (selbst wenn dem Patienten geholfen wurde).

Ich kenne etliche Homöopathen persönlich. Sie alle sind davon überzeugt, dass Homöopathie wirkt und daher sinnvoll ist. Sie alle können sich damit irren. Keiner ist aber ein Betrüger. Für die Leute, die ich kenne, lege ich diesbezüglich meine Hand ins Feuer, auch wenn ich meine, dass sich manche gelegentlich irren (wie ich selbst auch). Damit soll nicht gesagt werden, dass es etwa unter Homöopathen keine Betrüger gebe. Betrüger gibt es wahrscheinlich überall. Der SPIEGEL weiß das.

v) Die Wissenschaftler sind sich einig, dass Homöopathie Blödsinn ist.

Das stimmt nicht. Ich kenne mindestens zwei Naturwissenschaftler, die das nicht meinen. Und eine Menge Ärzte, die ja irgendwie auch eine naturwissenschaftliche (wenngleich etwas halbseidene) Ausbildung haben.
Es ist überdies erforderlich, dass, um diese Behauptung sicher zu machen, der Homöopathie der Rang der Wissenschaftlichkeit abgesprochen wird (was kürzlich von Journalisten getan wurde[116]).
Außerdem können wissenschaftliche Fragestellungen nicht durch Mehrheitsentscheid geklärt werden.
Und wenn doch: Wer sollte die Wahlerlaubnis erhalten? Dürfte ein Theologe (Wissenschaftler) an der Abstimmung teilnehmen, ob das Higgs-Boson nun nachgewiesen ist oder

---

[116] https://www.welt.de/debatte/kommentare/plus186100922/Homoeopathie-Keine-Wissenschaft-sondern-vor-allem-Glaube.html

nicht[117]? Oder sollten wir alle entscheiden, was wissenschaftlich ist? Selbst Ärzte?

Nur so nebenher:

> *16) Der Inhalt der Physik geht die Physiker an, die Auswirkung alle Menschen.*
> *17) Was alle angeht, können auch nur alle lösen.*
> *18) Jeder Versuch eines Einzelnen, für sich zu lösen, was alle angeht, muss scheitern.*
>
> DÜRRENMATT

Die Frage ist wirklich, ob wir wichtige Urteile und Entscheidungen allein den Wissenschaftlern überlassen sollten. Die Frage ist auch, ob womöglich alle urteilen sollten und so ein Mehrheitsentscheid über wissenschaftliche Fragen zustande käme. Ich denke, dass beide Extreme falsch sind. Und ich weiß keine richtige Antwort.
Falsch ist aber auch, dass sich Journalisten dieser Frage bemächtigen und glauben, sie allgemeingültig beantworten zu können. Vielmehr sollten sie sich auf ihre eigentliche Aufgabe konzentrieren: zu vermitteln zwischen den Experten (auch zwischen Experten, die unterschiedliche Auffassungen vertreten) und denjenigen, die sich auf dem jeweiligen Gebiet nicht als Experten bezeichnen können. Alle diese Gruppen haben aber etwas zu sagen. Das nennt man gemeinhin Demokratie.

w) Lobbyismus

Der Homöopathie wird vorgeworfen, dass sie nur durch lobbyistische Aktionen den Eingang in das deutsche Gesundheits-

---

117 Witzigerweise müsste er es aus der journalistischen Sichtweise dürfen, die ja das Higgs-Boson gern als das "Gottesteilchen" bezeichnet hat.

wesen gefunden hat. Ob dem so ist, kann ich nicht beurteilen, weil ich mich mit solchen Dingen nie befasst habe.
Die Frage ist, ob es schlimm wäre, wenn es so wäre. In einer Demokratie darf jeder Einzelne und dürfen auch Interessengruppen einen Abgeordneten um seinen Einsatz für ihre Interessen bitten und ihn argumentativ überzeugen, das zu tun. Lobbyismus ist nicht verboten.
In Unkenntnis der Gepflogenheiten dieses mir fremden Bereiches vermute ich einmal, dass sich etliche Interessengruppen aus dem Gebiet der Medizin lobbyistisch betätigen. Unter diesen könnten womöglich auch solche sein, die der Homöopathie feindlich gegenüberstehen. Aber ich will mich nicht weiter mit Mutmaßungen befassen.

Das Frame ist aber klar:
Prämisse 1) Lobbyismus ist böse.
Prämisse 2) Homöopathen sind Lobbyisten.
Konklusion: Homöopathen sind böse.

x) Homöopathen wollen nicht mit Journalisten und anderen Kritikern reden.

Den Vorwurf, dass kein Homöopath zur Stellungnahme zu einer kritischen Stimme bereit gewesen sei, habe ich des öfteren gelesen oder gehört. Ich kann natürlich nicht sagen, wie das bei der Mehrheit der Homöopathen ist, denn ich habe keine Umfrage gemacht. Nun denn:
Hier ist jemand, der bereit ist, sich öffentlich mit den Kritikern bzw. Gegnern der Homöopathie auseinanderzusetzen, der das auch etlichen Journalisten mitgeteilt hat. Keiner von ihnen wollte wirklich mit mir reden. Heul!
Meine Erfahrung ist also, dass es eher umgekehrt ist: Journalisten der "Qualitätsmedien" möchten nicht unbedingt sehr gern mit Homöopathen reden. Wobei ich eben nur von meiner Erfahrung sprechen kann.

Noch einmal: Ich würde gern öffentlich mit Journalisten über Homöopathie reden oder auch mit Kritikern der Homöopathie[118]. Ich bin Experte, ich stehe sogar selbst der Homöopathie in etlichen Fragen kritisch gegenüber. Was fehlt mir noch?

y) Die Filterblase

Es sieht so aus, als gäbe es tatsächlich solche Filterblasen. Ich denke, dass es auch normal ist, dass wir Bestätigungen der eigenen Meinung eher wahrnehmen als Widerlegungen.
Es gibt dabei eine Frage: Wann handelt es sich nur um eine Meinung und wann um gesicherte Fakten? Die Grenze ist (wie oben bereits erwähnt) schwammig.
Und es gibt eine Bemerkung: Filterblasen können verschieden groß sein. Der SPIEGEL ist auch eine solche Filterblase. Eine ziemlich große. Das ist nicht schlimm. Das kann man kaum vermeiden. Man kann aber Filterblasen mit einer gewissen Durchlässigkeit ausstatten und so Überschneidungen und Dispute ermöglichen.

Das fehlt mir sehr. Ich habe wirklich keine Lust, nur mit Leuten zu reden, die mit mir einer Meinung sind.

z) Das letzte "Argument" gegen Homöopathie: *Und überhaupt: Homöopathie... Pffff!*

Kein Kommentar meinerseits

---

118 Es gibt eine Ausnahme: Mit Edzard ERNST möchte ich nicht reden, denn jemand, der die "Gegenseite" pauschal als Lügner bezeichnet, ist für eine Auseinandersetzung, die zum Ziel hat, dass sich die Beteiligten ein wenig mehr der Wahrheit annähern, automatisch disqualifiziert.

C) Zusammenfassende Thesen

1) Jeder Mensch hat das Recht auf eine eigene Meinung. Das ist im Grundgesetz der Bundesrepublik Deutschland ein unumstößliches Recht.

2) Jeder Mensch hat das Recht auf freie Meinungsäußerung. Hier gibt es einige wenige gesetzliche Einschränkungen.

3) Niemand hat das Recht, mit seiner Meinung auch gehört zu werden. Jeder, der gehört werden möchte, braucht – wie es John Stuart MILL formuliert – einen "Anwalt".

4) Die Presse und ihre Vertreter, die Journalisten, können solche Anwälte sein.

5) Auch für die Journalisten gelten die bis zu dieser Stelle erwähnten Regeln. Darüberhinaus haben Journalisten aber eine besondere Verantwortung, da sie mehr als andere Menschen an der Meinungsbildung anderer mitwirken. Aus dieser Verantwortung ergeben sich mehrere Verpflichtungen:

6) Die erste Verpflichtung ist die zur Wahrhaftigkeit (nicht zur Wahrheit, denn die besitzt niemand von uns).

7) Darüberhinaus sollte unbedingt und deutlich unterschieden werden zwischen einer bloßen journalistischen Meinungsäußerung und einer auf umfangreicher Recherche beruhenden Darstellung.

8) Die Recherche sollte, wenn es zu einem Thema unterschiedliche Meinungen bzw. unterschiedliche Interpretationen von Fakten gibt, alle diese berücksichtigen und nicht von der eigenen Meinung bzw. von Moden abhängig nur bestimmte Sichtweisen berücksichtigen.

9) Journalisten können nicht auf allen Gebieten Fachleute sein, auch wenn sich der eine auf einem Fachgebiet gut auskennt und die andere in einem anderen. Sie müssen sich daher oft von Fachleuten Rat holen und sollten das auch tun. Fachleute haben aber zu manchen Themen unterschiedliche Ansichten. In diesem Falle gilt es, Ausgewogenheit zu bewahren, indem diese verschiedenen Ansichten nicht nur gehört, sondern auch zitiert werden.

10) Wer systematisch die Veröffentlichung mancher Auffassungen unterdrückt, sollte sich nicht allzusehr wundern, wenn auf seiten jener, die sich unterdrückt fühlen, in falscher Generalisierung die Presse insgesamt als verlogen bezeichnet wird.

11) Fachleute eines bestimmten Gebietes müssen nicht immer nur Wissenschaftler sein. Schon unter Wissenschaftlern gibt es unterschiedlichen Interpretationen. Erweitert man den Kreis auf alle Menschen, die auf einem bestimmten Gebiet Erfahrungen gemacht haben, wird die Vielfältigkeit der Ansichten noch größer. Das ist aber notwendig, wenn der Journalist nicht von vornherein glaubt zu wissen, wo die Wahrheit liegt und dann in der Folge nur diejenigen Ansichten berücksichtigt, die seiner primären Überzeugung entsprechen.

11) Die Grenze zu finden, jenseits derer vom Mainstream abweichende Ansichten so abstrus werden, dass sie keine Beachtung mehr finden sollten, ist nicht leicht. Gleichwohl ist es eine wichtige journalistische Aufgabe. Diesseits dieser Grenze sollten alle Anschauungen zu einem bestimmten Thema Berücksichtigung in der journalistischen Arbeit finden.

12) Behauptungen, die ehrabschneidend sind oder Straftaten vermuten, müssen unterbleiben, solange es nicht gute Belege dafür gibt. Bei Straftaten geht diese Zurückhaltung natürlich noch weiter. Das gilt auch für Meinungsartikel, auch wenn diese klar so gekennzeichnet sind. Bestimmten Einzelperso-

nen oder ganzen Gruppen etwa Betrug oder Lüge zu unterstellen, braucht Belege (vor Gericht sogar Beweise), darf nicht nur eine Meinung sein.

13) Bescheidenheit und das Vermeiden von Selbstüberschätzung sowie das Wissen, dass es niemanden (auch keine Gruppe) gibt, der oder die im Besitz der Wahrheit ist, sind für einen guten Journalismus förderliche Haltungen.

14) Wenn es niemanden gibt, der oder die in Besitz der Wahrheit ist, wird die Verpflichtung zur Wahrhaftigkeit um so größer.

15) Wahrheit entsteht zu zweit – mindestens zu zweit.

16) Wer den Dialog ablehnt, ist an der Wahrheit nicht interessiert.

Bildverzeichnis:

Frontispiz:
Dieses Bild beruht auf einem Cover des "SPIEGEL" (Nr. 52, 2018), das bei Wikipedia unter "https://commons.wikimedia.org/wiki/File:Der_Spiegel_-_Sagen_was_ist.jpg" einsehbar ist und von dort als gemeinfrei bezeichnet wurde.

S. 28 Dieter Elendt

S.:51 Dieter Elendt

S.127: Aus Michael Maier: Atalanta fugiens, Oppenheim 1617

Wu-Di von Liang fragte den Großmeister Bodhidharma:
Welches ist der höchste Sinn der heiligen Wahrheit?
Bohidharma sagte: Offene Weite – nichts von heilig[119].

[119] Erstes Beispiel aus dem Bi Yän Lu ("Die Niederschrift von der smaragdenen Felswand"), übersetzt von Wilhelm GUNDERT, München 1967